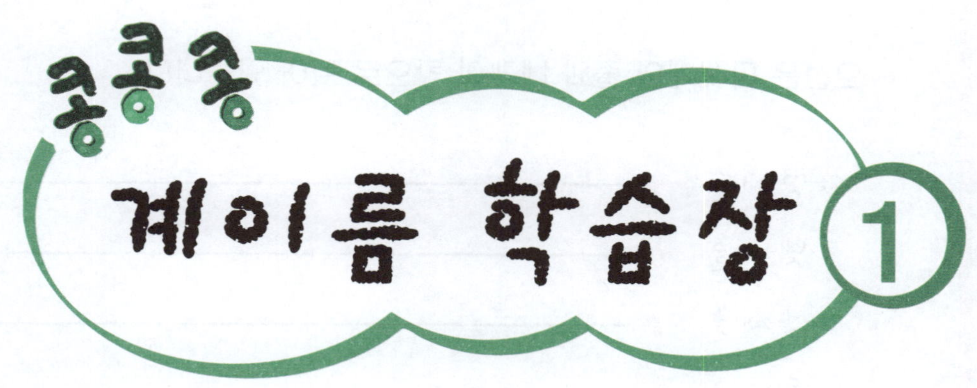

1권에서 익힐 내용

오선, 손가락 번호, 계이름 쓰기, 높은음자리표, 온음표, 점2분음표,
2분음표, 4분음표, 위의 도~위의 솔 익히기

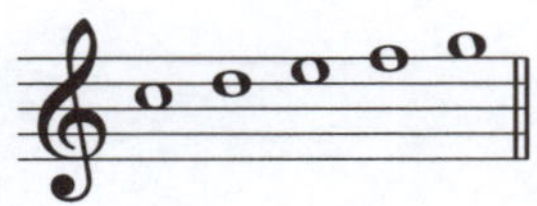

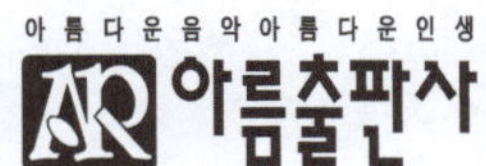

오 선

◉ 오선은 다섯개의 줄과 네개의 칸으로 되어 있습니다.

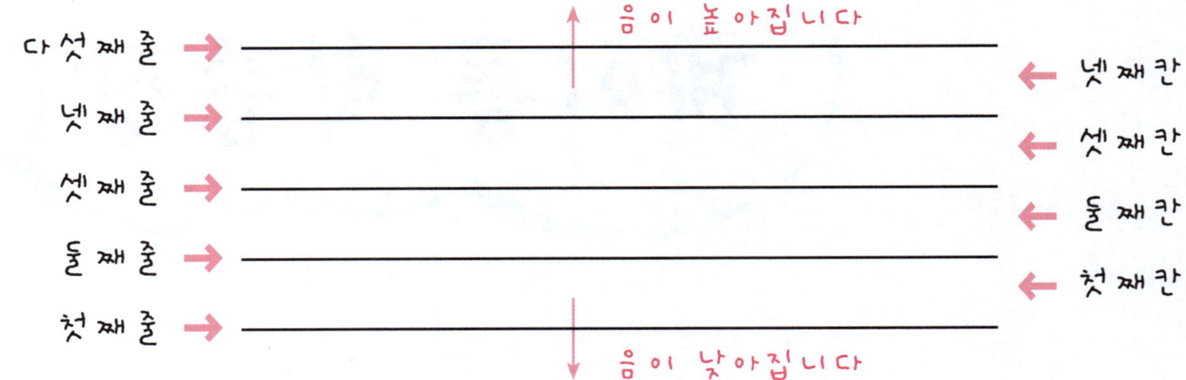

🐰 오선의 줄 이름을 위에서부터 아래로 써 보세요.

다섯째줄

넷째줄

셋째줄

둘째줄

첫째줄

오선의 칸 이름을 위에서부터 아래로 써 보세요.

넷째칸

셋째칸

둘째칸

첫째칸

오선의 줄과 칸 이름을 써 보세요.

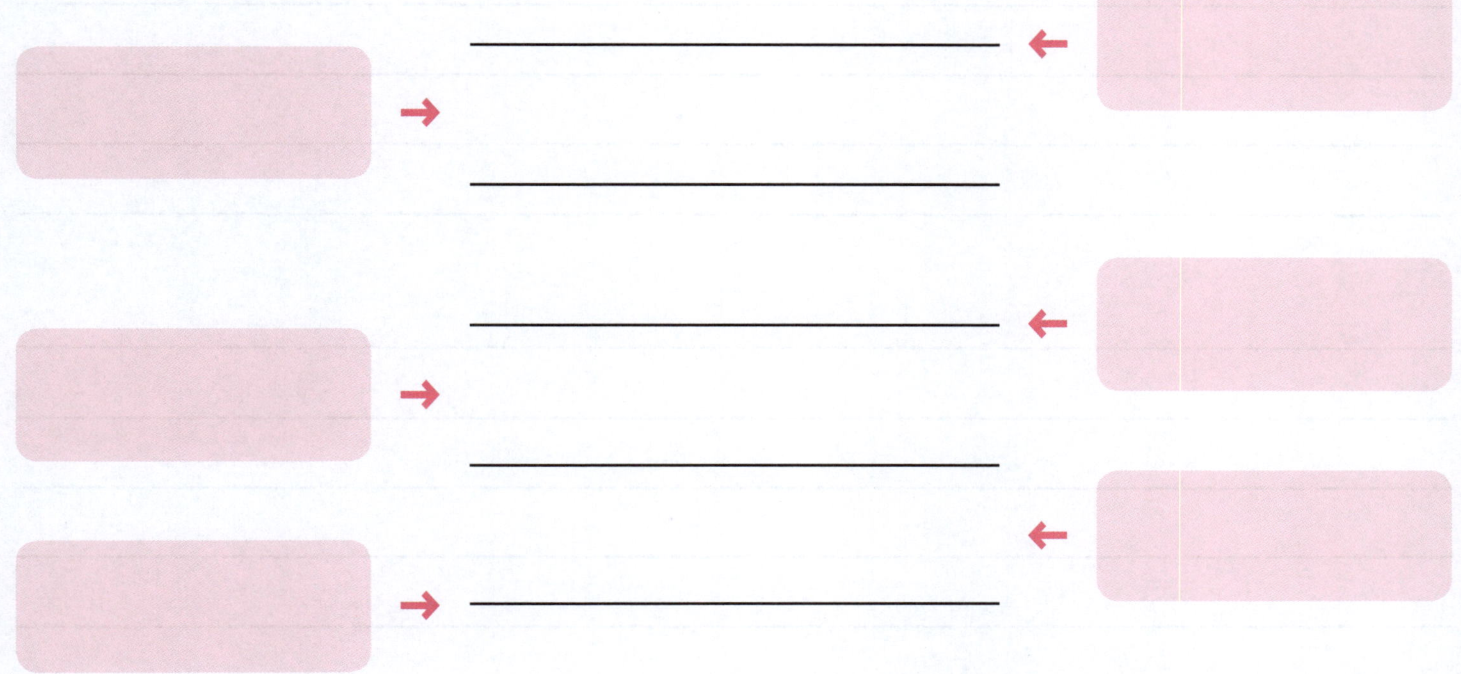

3

줄에 동그라미를 따라서 그려 보세요.

칸에 동그라미를 따라서 그려 보세요.

줄과 칸에 동그라미를 따라서 그려 보세요.

 줄에 있는 동그라미에 ◯하세요.

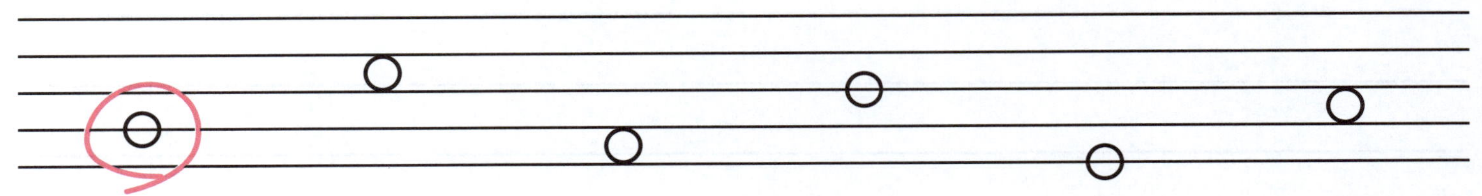

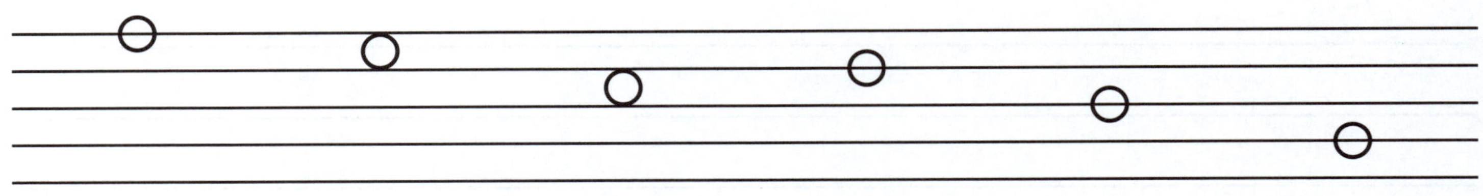

칸에 있는 동그라미에 ◯하세요.

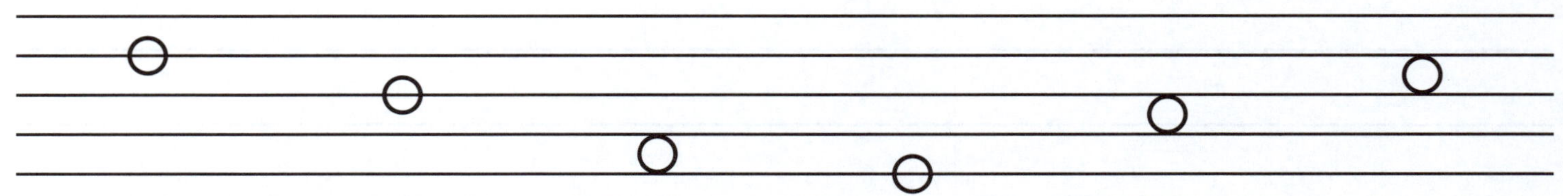

줄에 있는 동그라미는 줄 , 칸에 있는 동그라미는 칸 이라고 써 보세요.

◉ 줄 이름을 숫자로 나타내 봅시다.

줄 이름 :	첫째줄	둘째줄	셋째줄	넷째줄	다섯째줄
	1	2	3	4	5

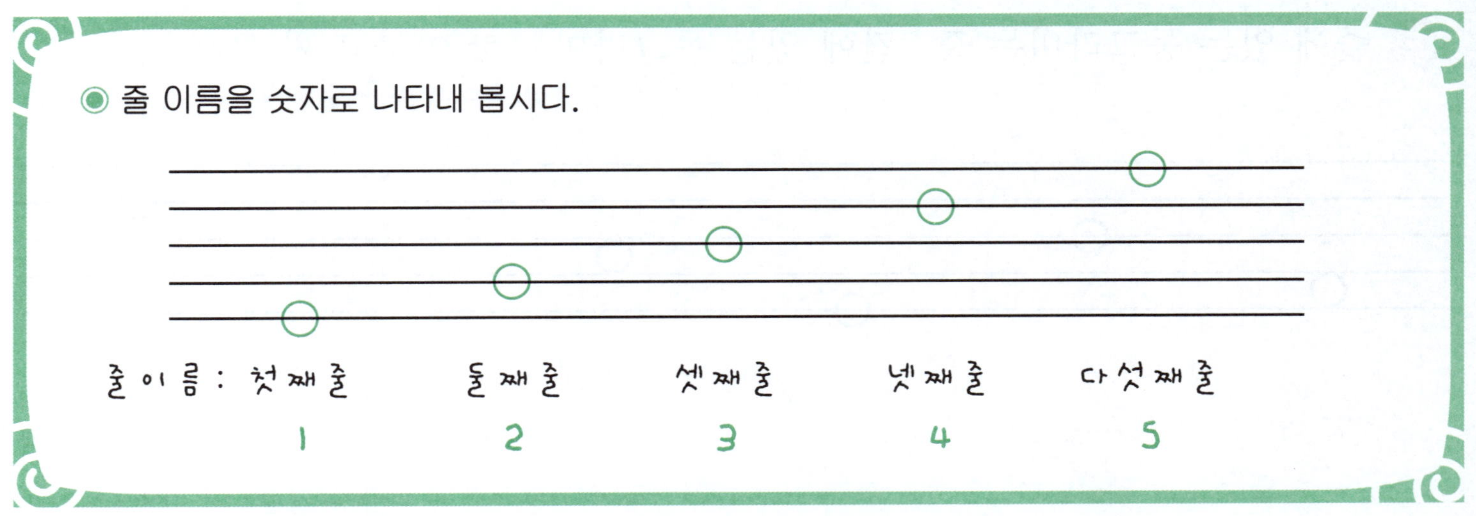

동그라미가 있는 줄을 숫자로 써 보세요.

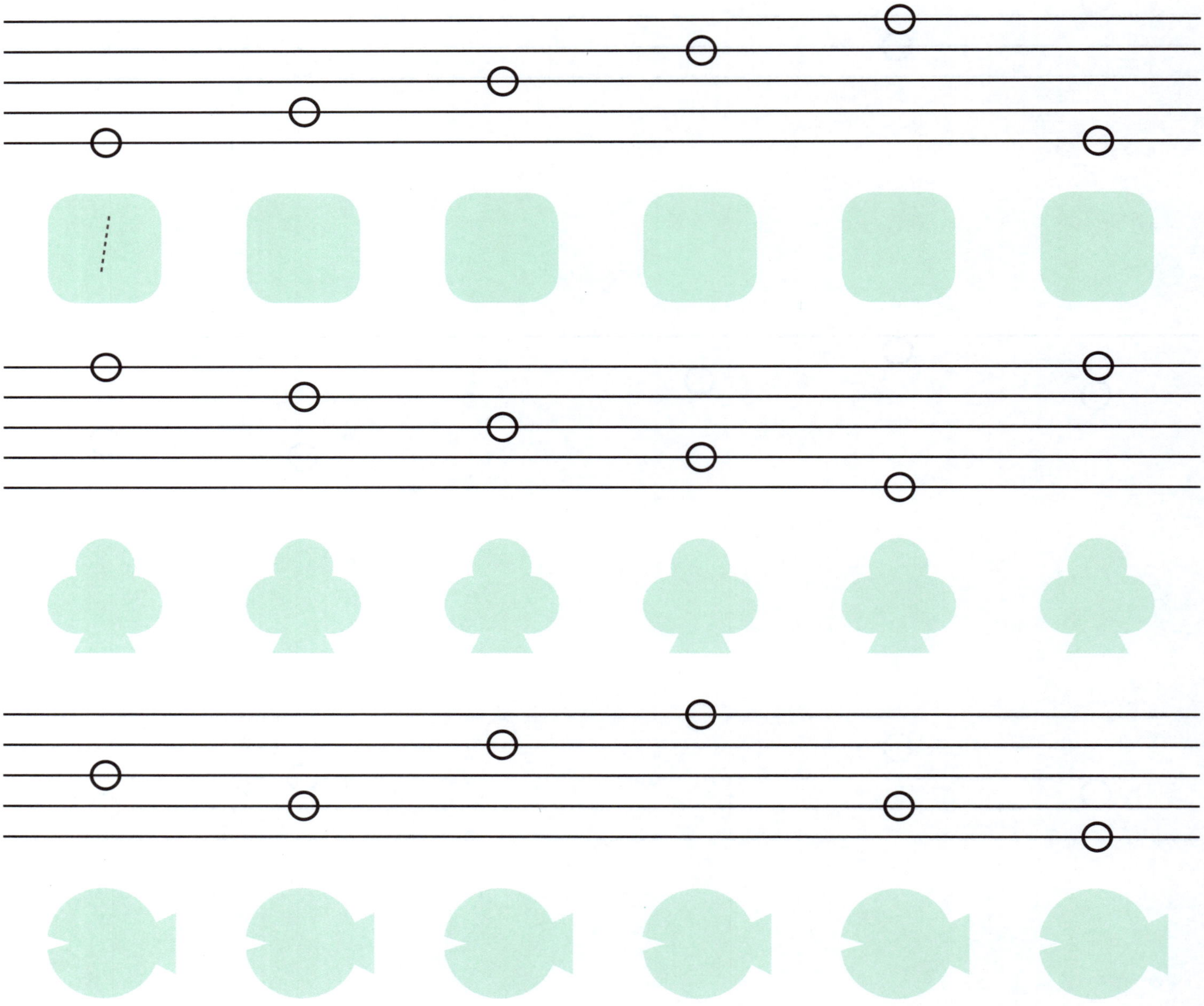

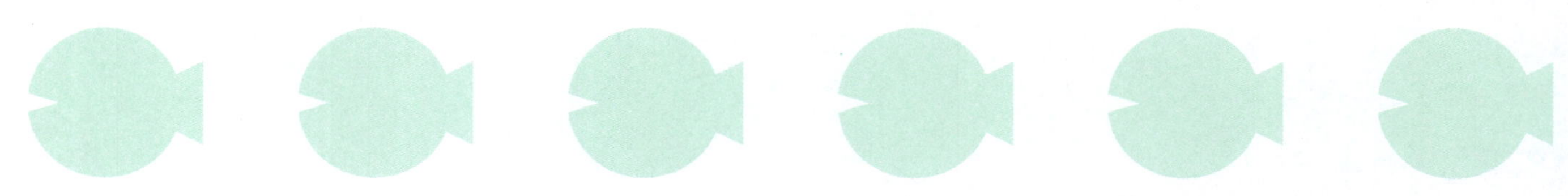

🌱 숫자에 맞는 줄에 동그라미를 그려 보세요.

1   2   3   4   5   1

5   4   3   2   1   5

2   4   1   3   4   5

3   5   4   2   3   1

◉ 칸 이름을 숫자로 나타내 봅시다.

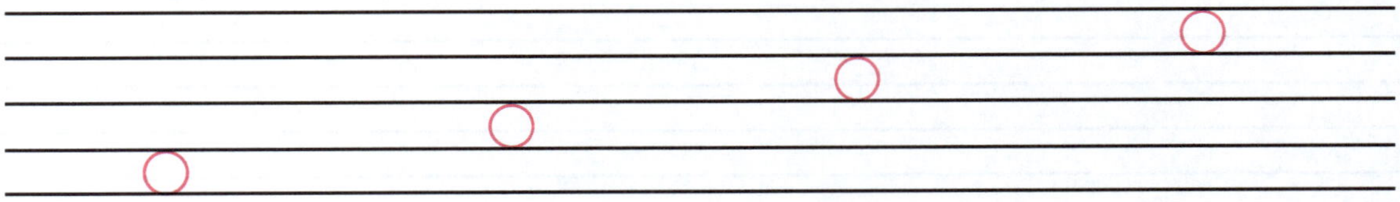

칸 이름 : 첫째칸　　　둘째칸　　　셋째칸　　　넷째칸
　　　　　1　　　　　2　　　　　3　　　　　4

동그라미가 있는 칸을 숫자로 써 보세요.

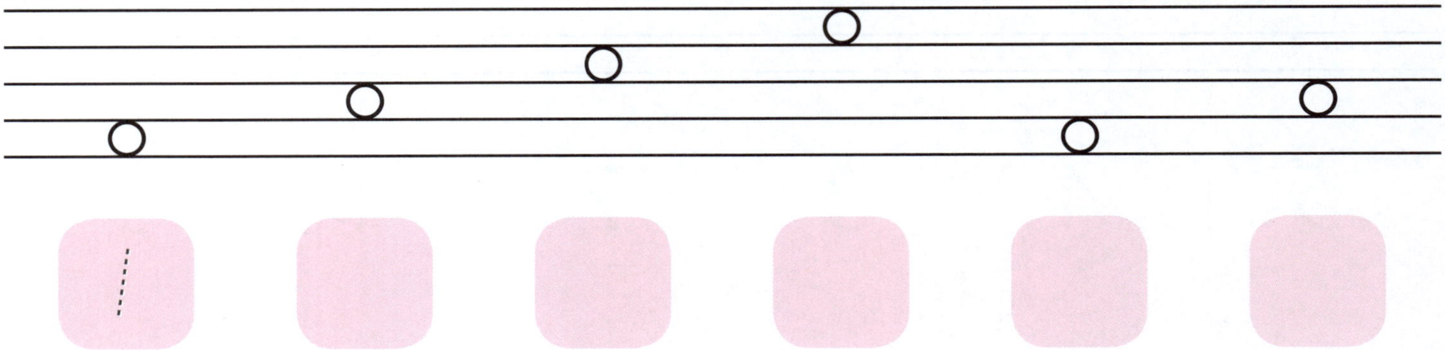

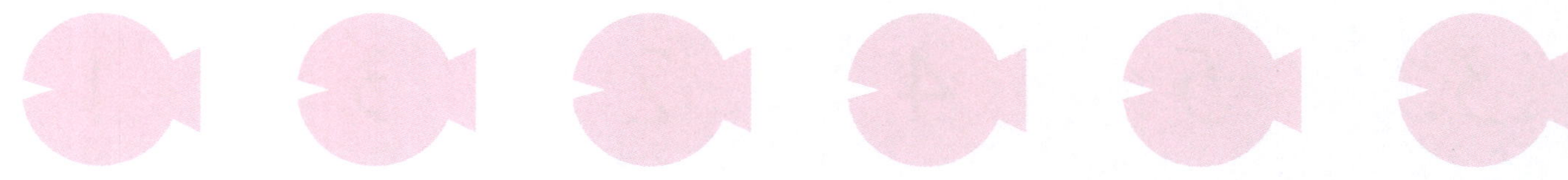

숫자에 맞는 칸에 동그라미를 그려 보세요.

| 1 | 2 | 3 | 4 | 1 | 2 |

| 4 | 3 | 1 | 4 | 2 | 3 |

| 1 | 3 | 2 | 4 | 3 | 2 |

| 2 | 4 | 1 | 3 | 4 | 2 |

손가락 번호

◎ 손가락 번호는 양손 모두 엄지손가락 → 1, 집게손가락 → 2,
  가운데손가락 → 3, 약손가락 → 4, 새끼손가락 → 5가 됩니다.

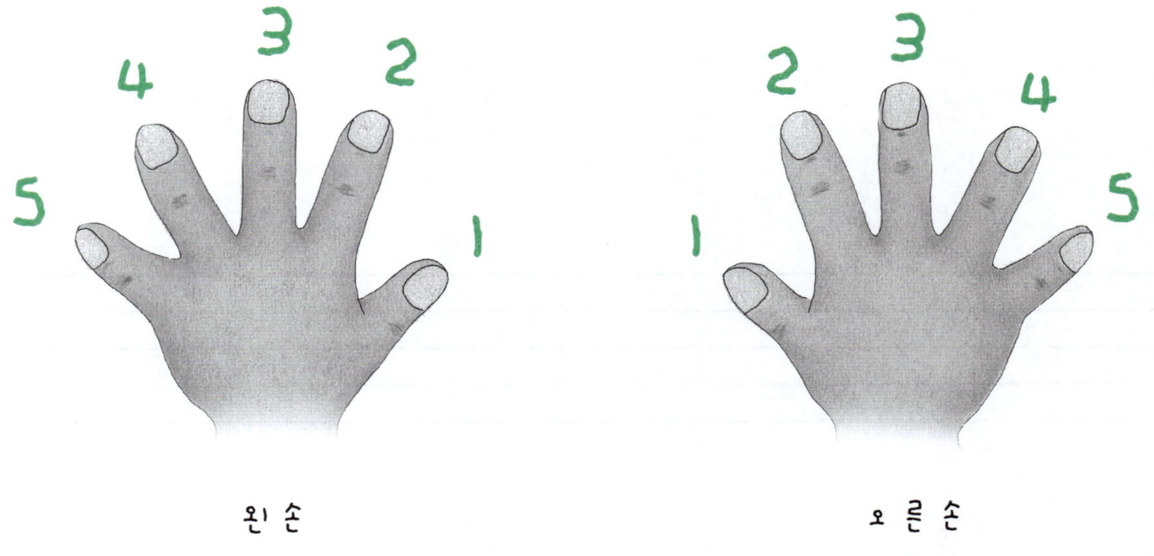

윈손과 오른손의 손가락 번호를 따라서 써 보세요.

 빈 ☐ 에 손가락 번호를 써 보세요.

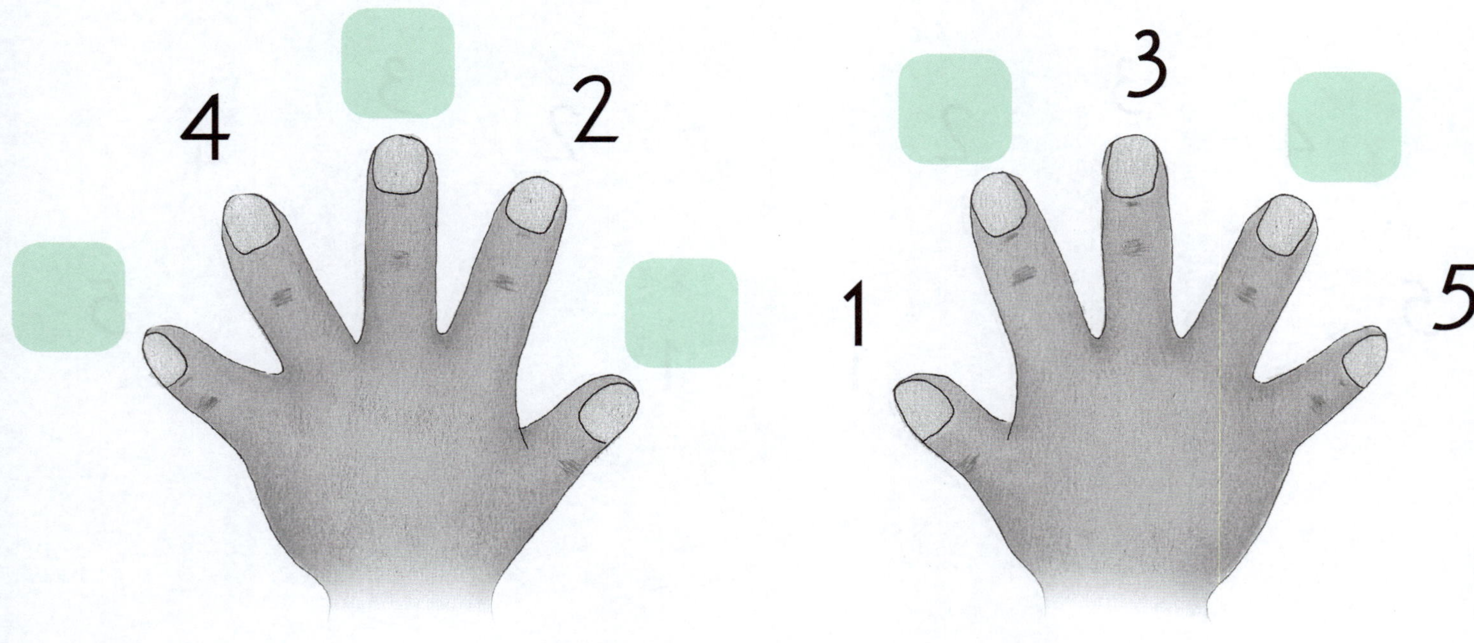

빈 ☐ 에 손가락 번호를 써 보세요.

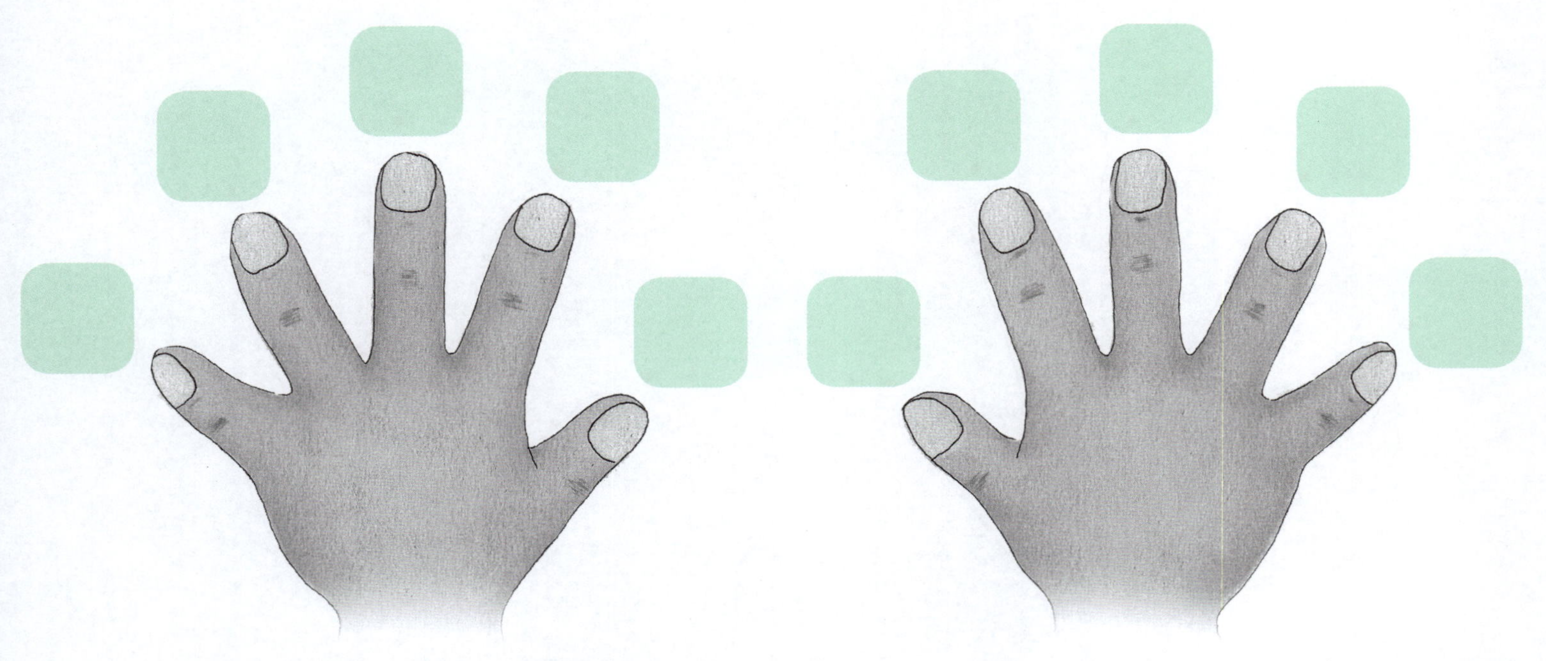

🐰 같은 손가락 번호끼리 줄로 이어 보세요.

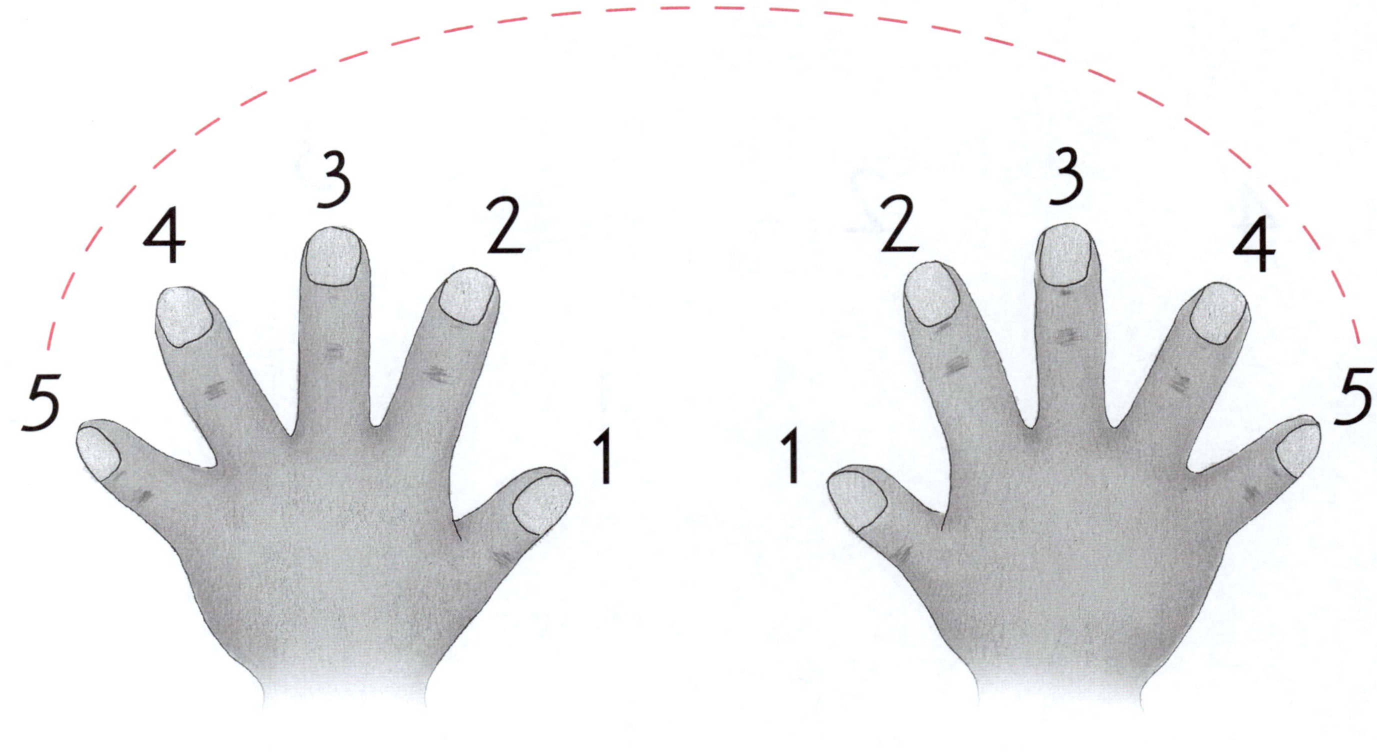

🐘 같은 손가락 번호끼리 줄로 이어 보세요.

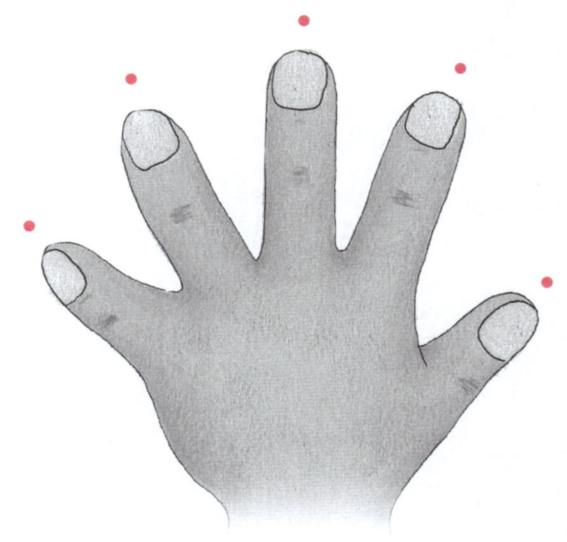

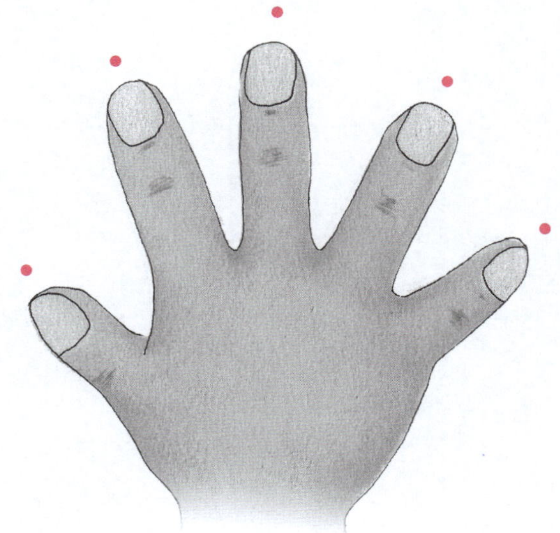

 번호와 맞는 손가락을 줄로 이어 보세요.

5 3 4 1 2

3 1 2 5 4

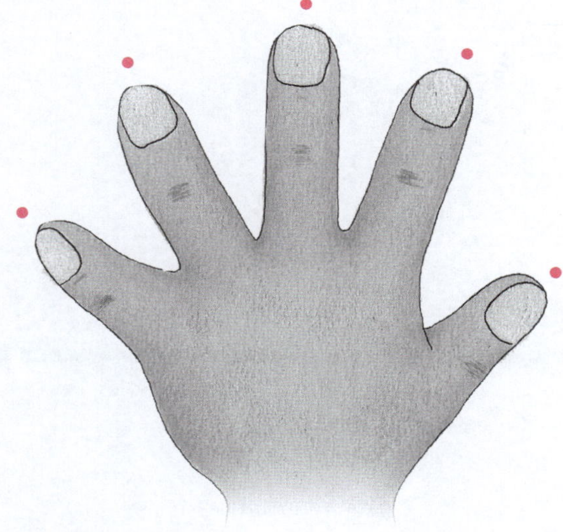

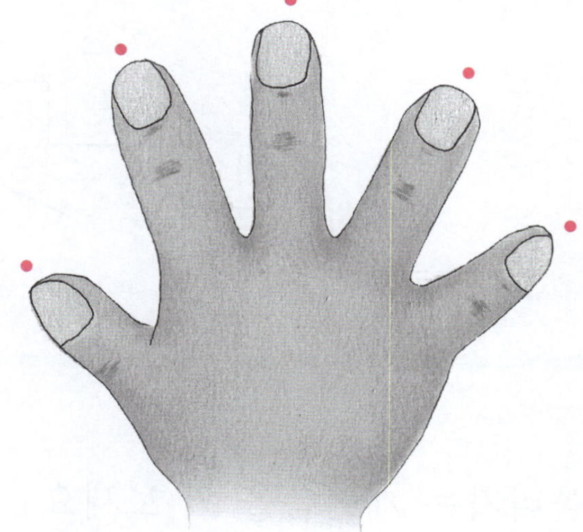

4 2 5 1 3

1 4 3 5 2

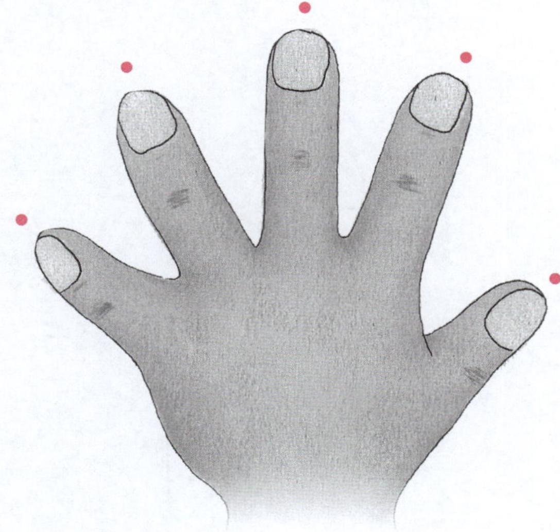

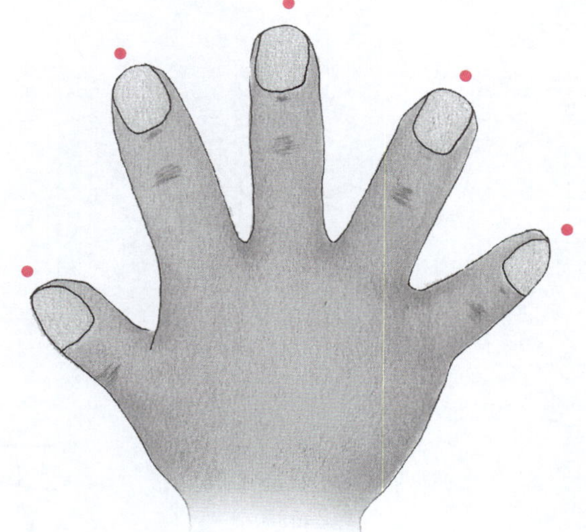

◉ 올라가는 계이름은 도-레-미-파-솔-라-시-도 입니다.

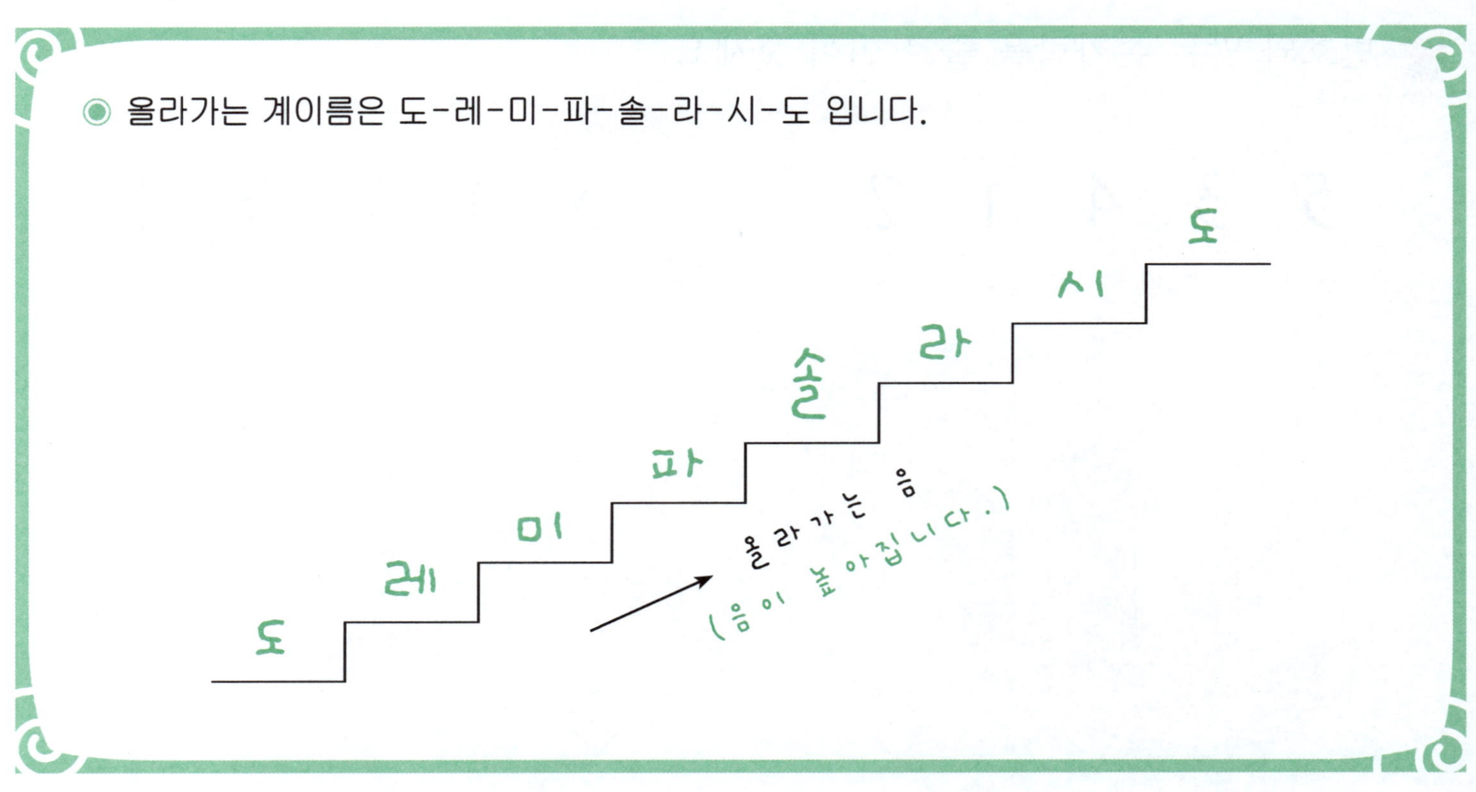

올라가는 계이름을 써 보세요.

도	레	미	파	솔	라	시	도
	레			솔			
		미			라		
			파			시	

◉ 내려가는 계이름은 도-시-라-솔-파-미-레-도 입니다.

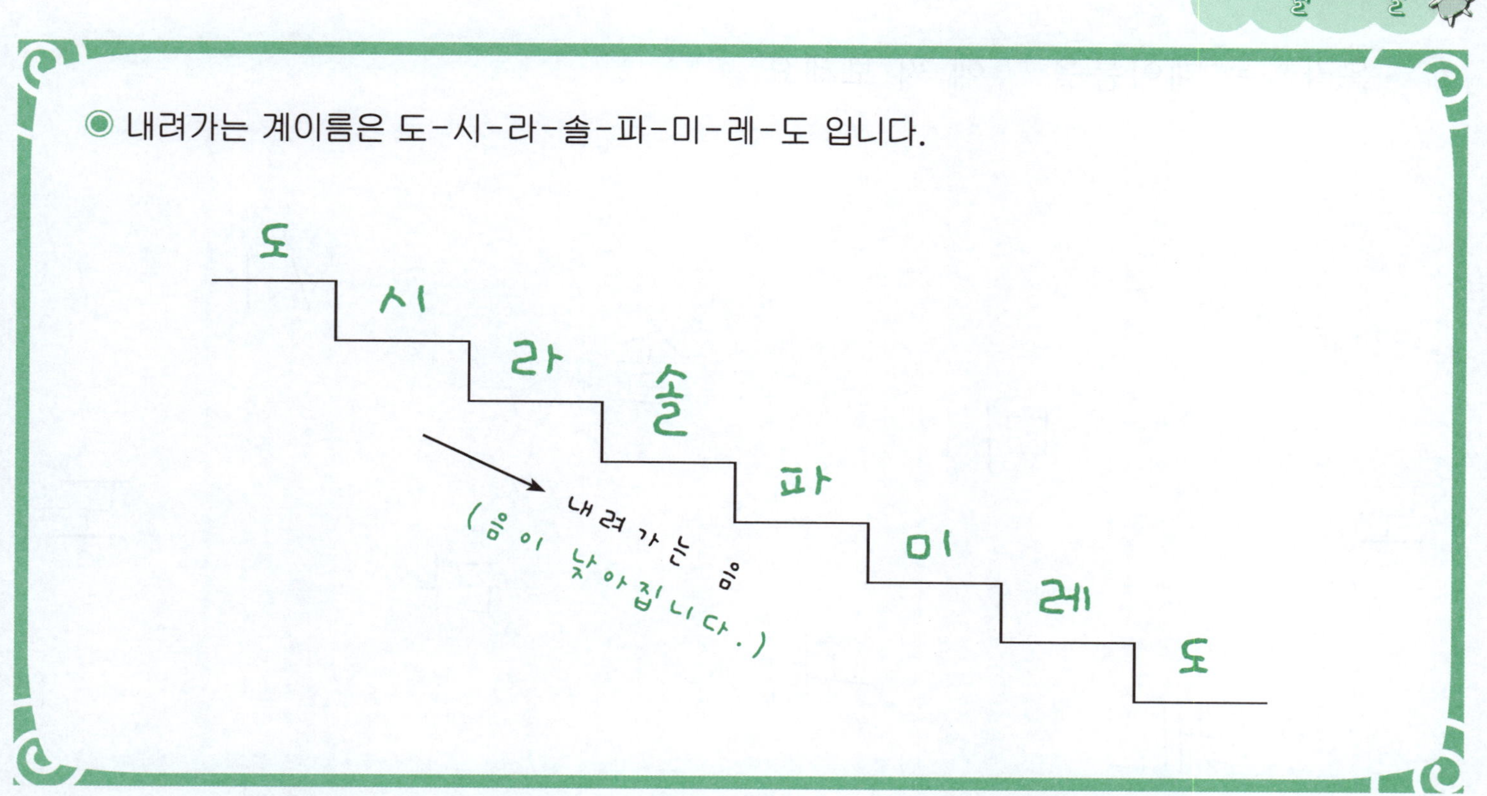

🐰 내려가는 계이름을 써 보세요.

도	시	라	솔	파	미	레	도
	시			파			
		라			미		
			솔			레	

올라가는 계이름을 　에 써 보세요.

내려가는 계이름을 ▢에 써 보세요.

도　　　라　　파　　　레
　　시　　솔　　미　　　도
도　　　라　　파　　레
　　시　　솔　　미　　　도
도　　　라　　파　　레
　　시　　솔　　미　　　도

두개씩 모여있는 검은 건반에 ○ 해 보세요.

 세개씩 모여있는 검은 건반에 ○ 해 보세요.

두개씩 모여있는 검은 건반 왼쪽에 도를 써 보세요.

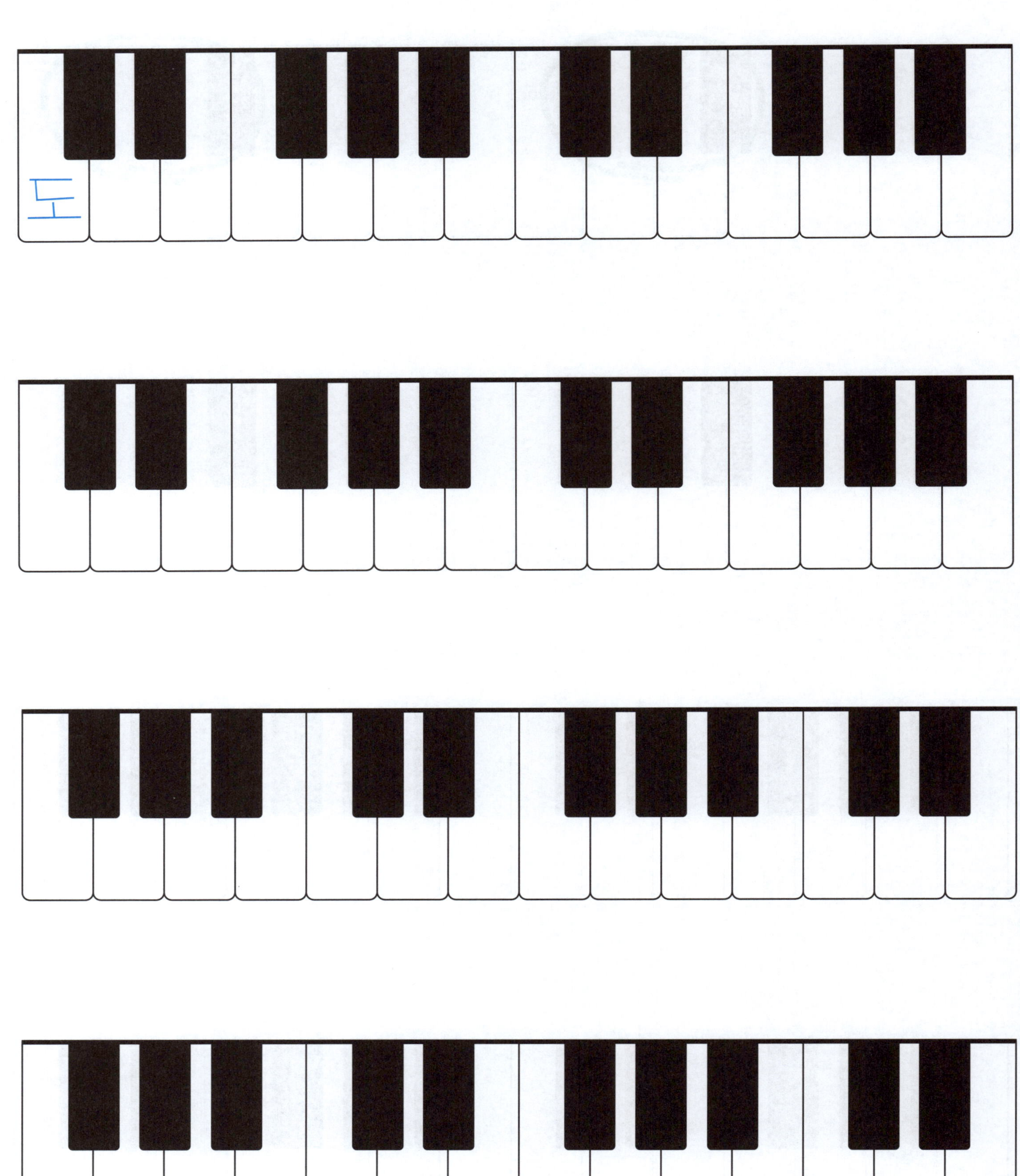
도

 세개씩 모여있는 검은 건반 왼쪽에 **파**를 써 보세요.

계이름 도와 파를 건반에 써 보세요.

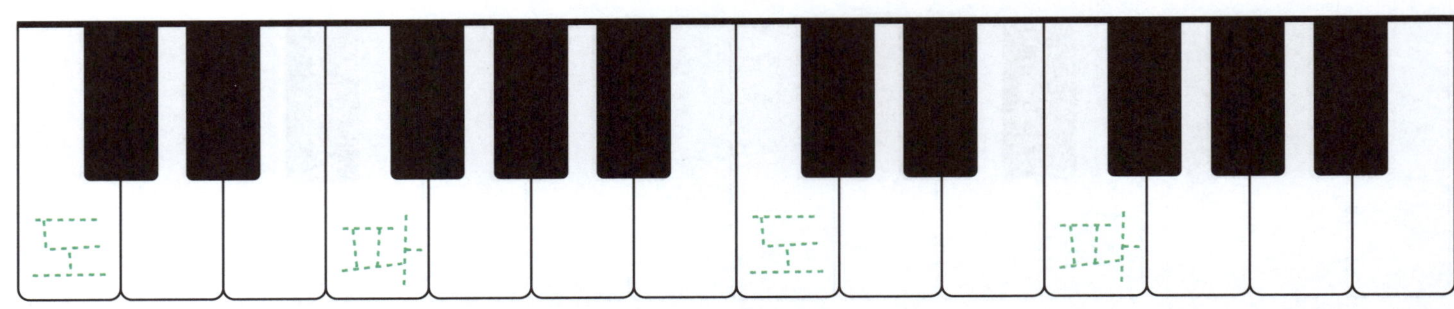

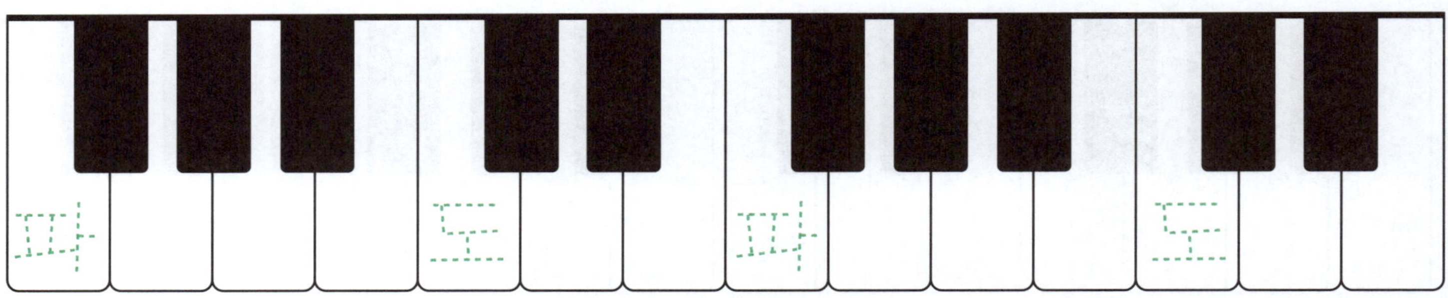

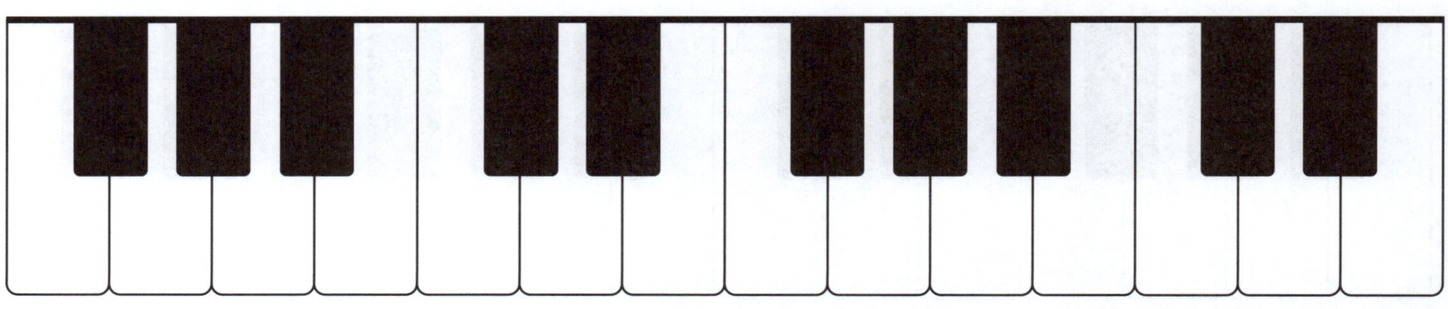

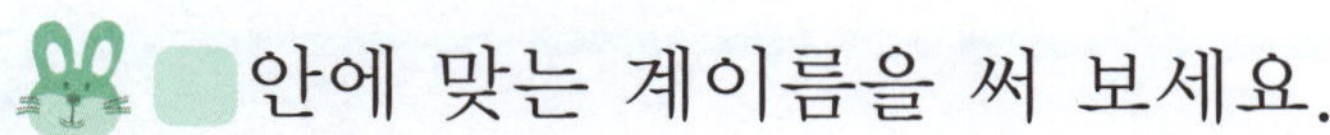
안에 맞는 계이름을 써 보세요.

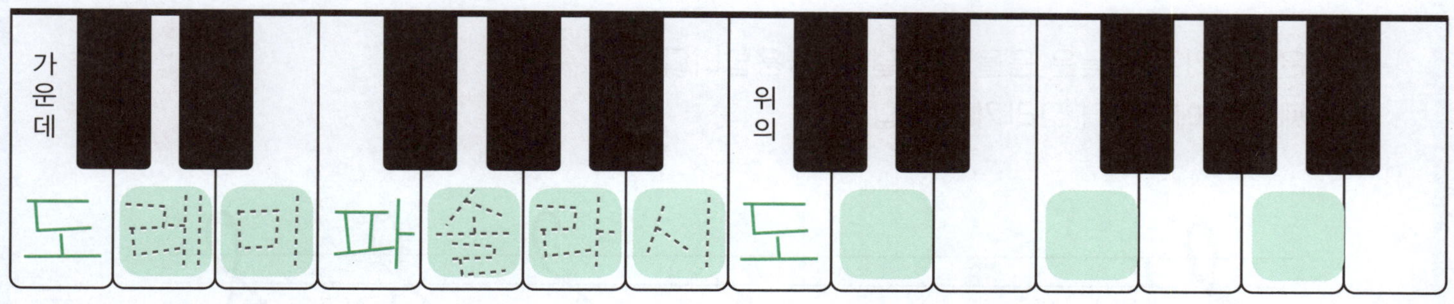

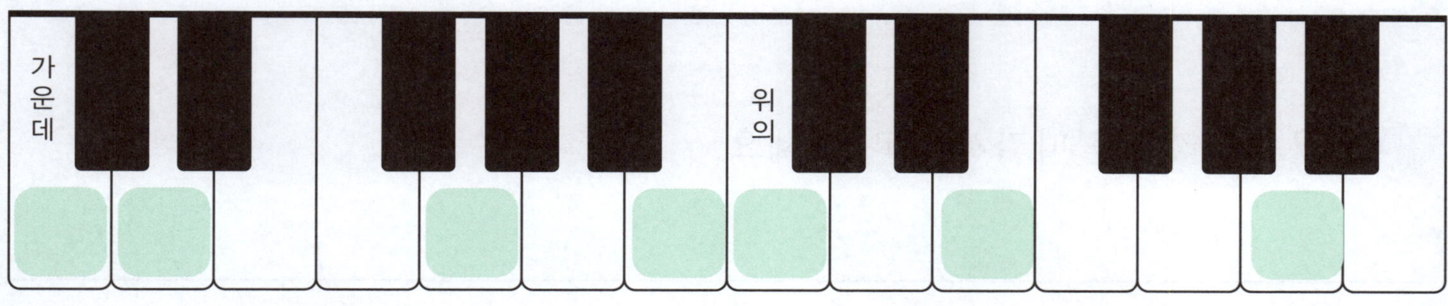

높은음자리표

◉ 높은음자리표는 높은 음을 나타낼 때 사용합니다.
둘째줄 밑에서부터 그리기 시작합니다.

🐘 높은음자리표를 따라서 그려 보세요.

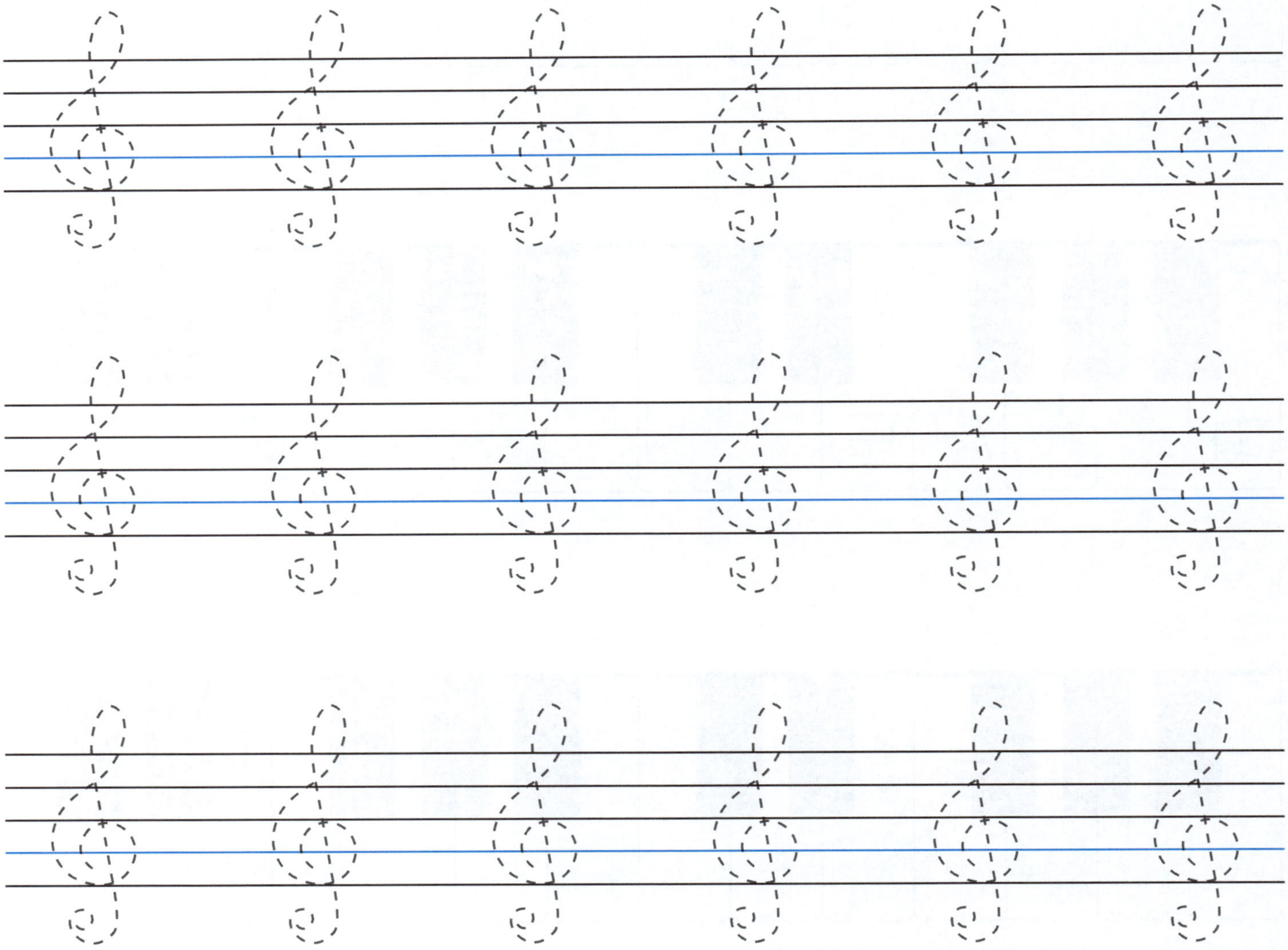

 표 이름을 써 보세요.

높은음자리표

오선에 높은음자리표를 그려 보세요.

가운데 도
위의 도
도 도 도 도 도 도
도 도 도 도 도 도
도 도 도 도 도 도

위의 **레**를 그리고 계이름을 써 보세요.

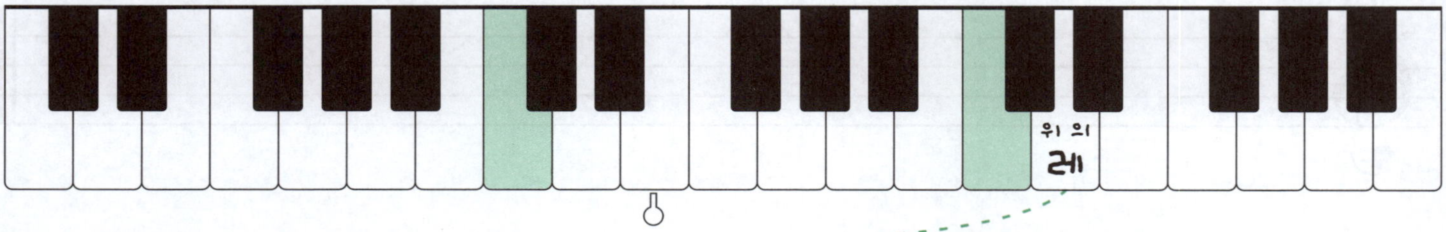

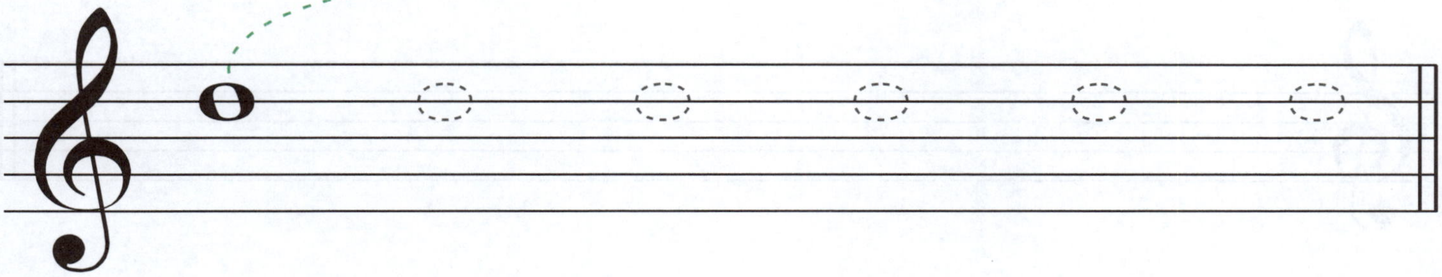

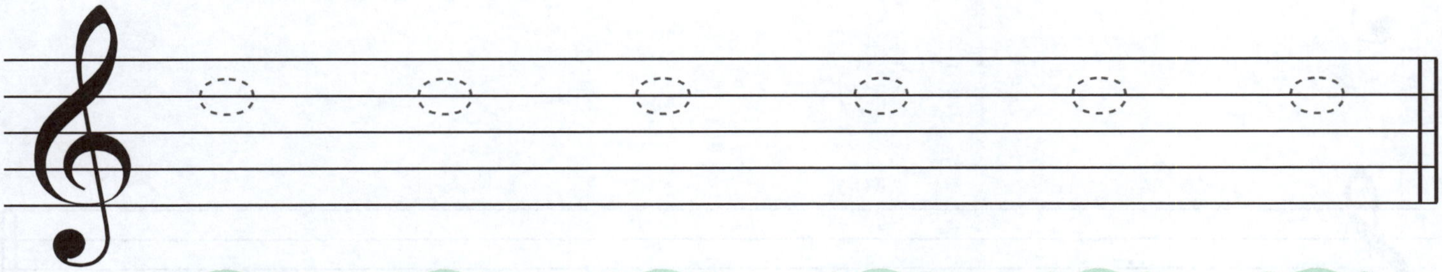

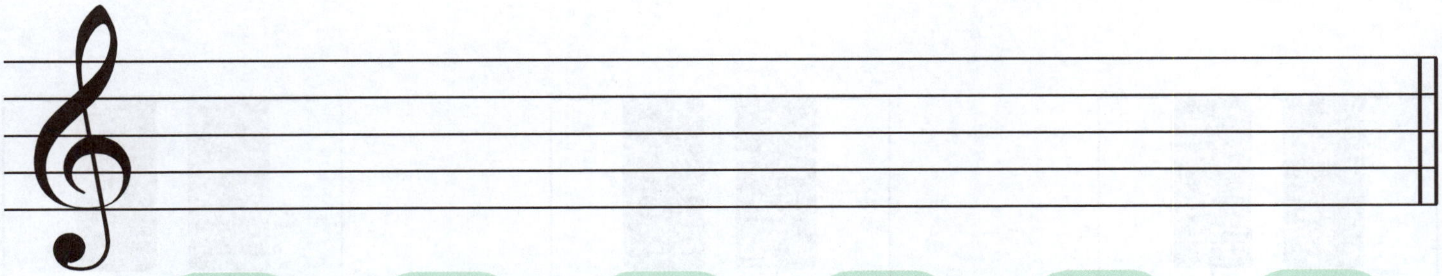

 계이름을 읽으면서 똑같이 그려 보세요.

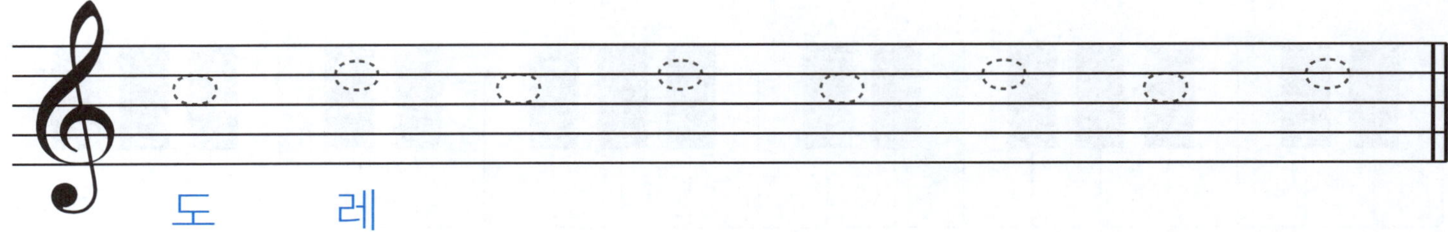

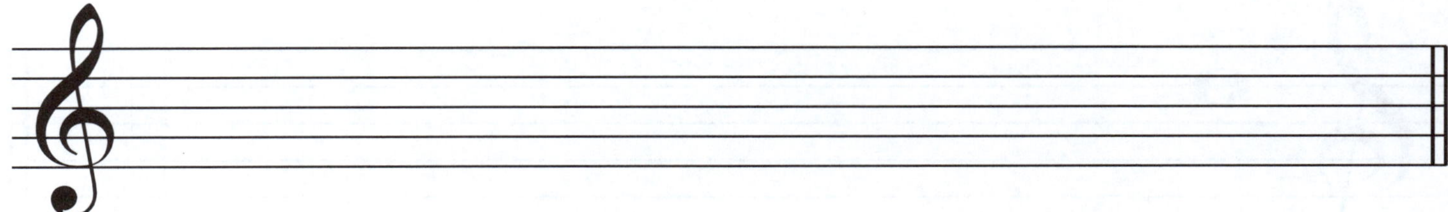

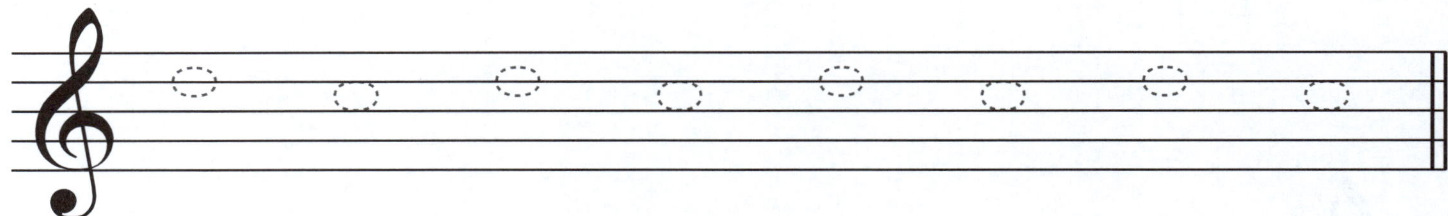

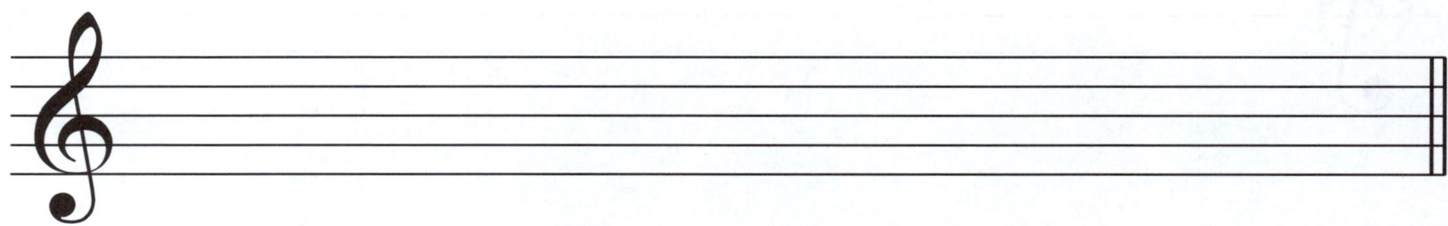

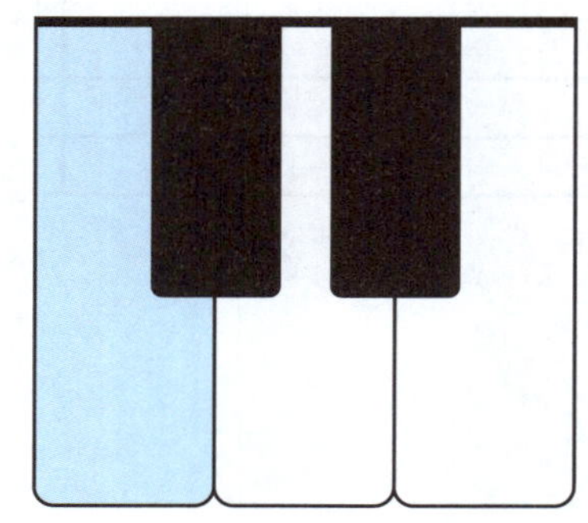 색건반에 계이름을 써 보세요.

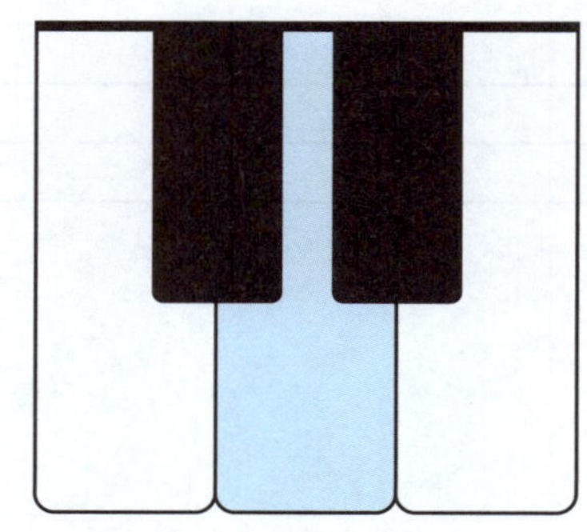

🐰 위의 미를 그리고 계이름을 써 보세요.

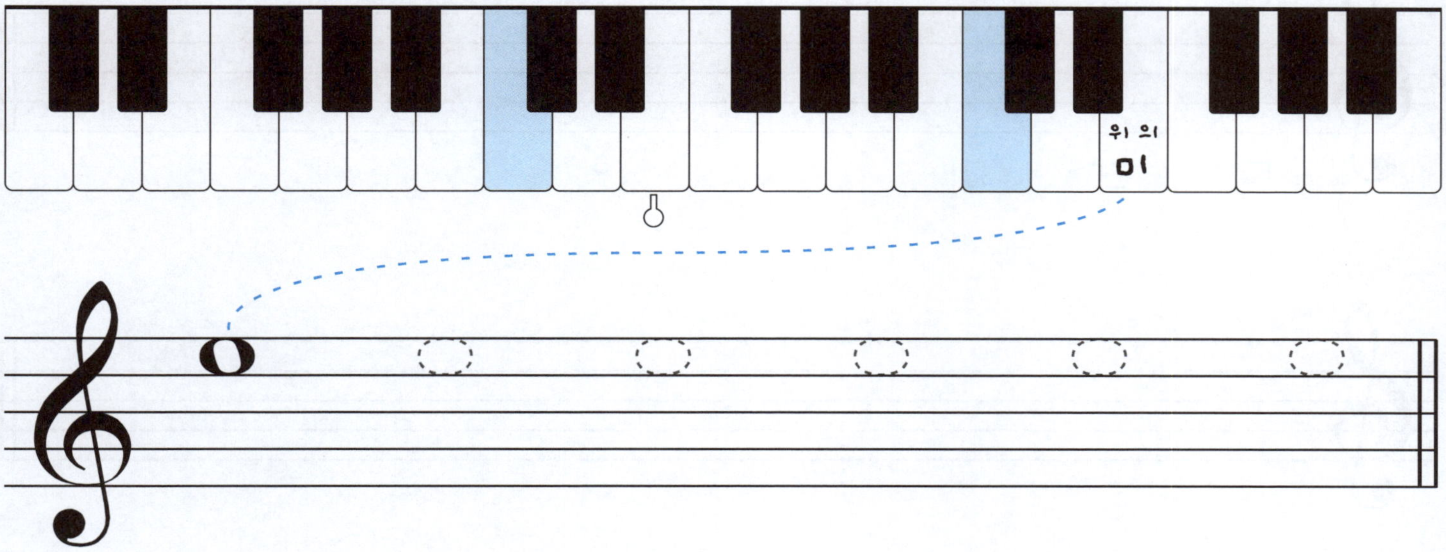

미　미　미　미　미　미

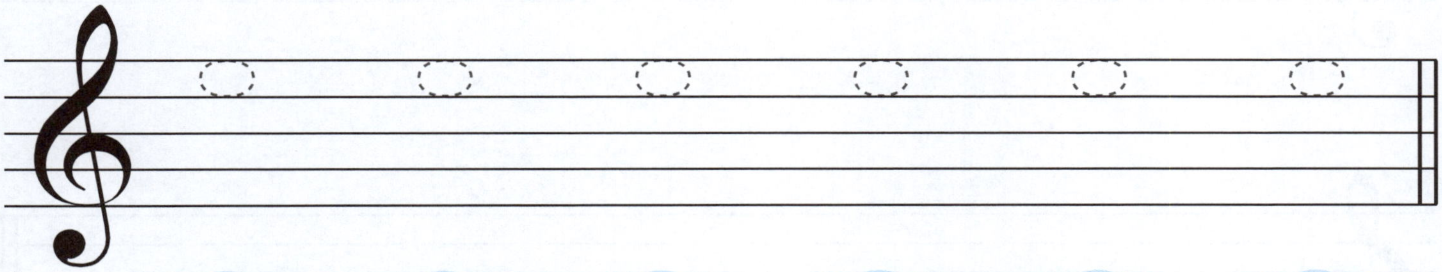

미

미

계이름을 읽으면서 똑같이 그려 보세요.

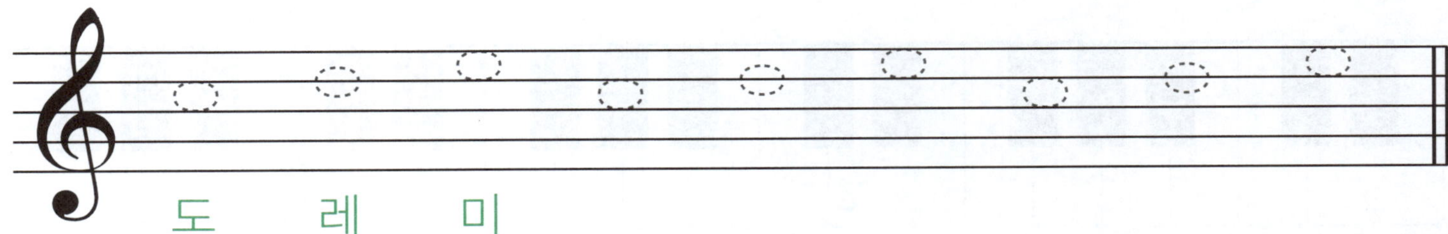

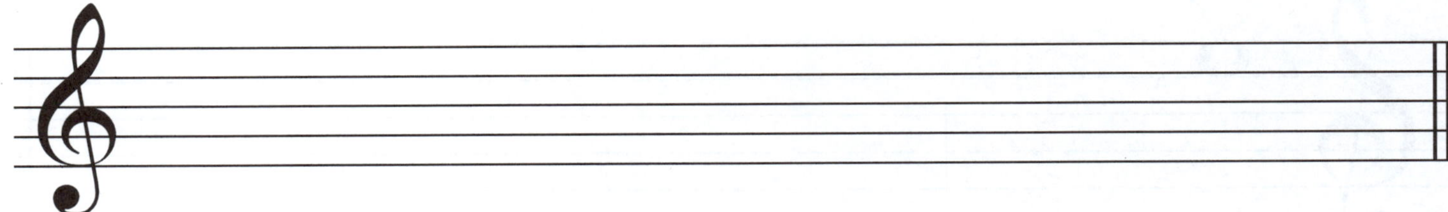

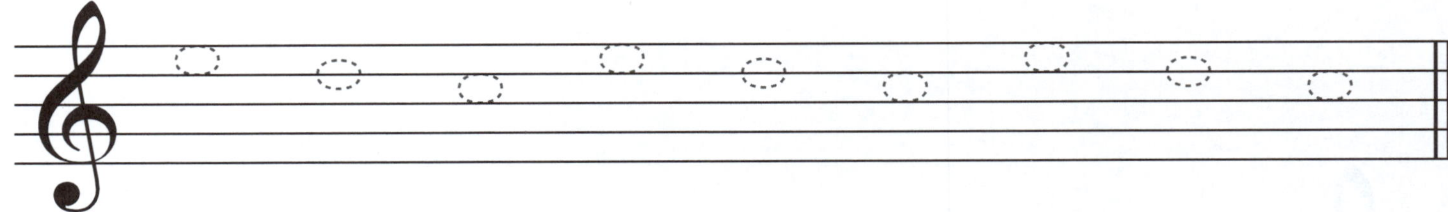

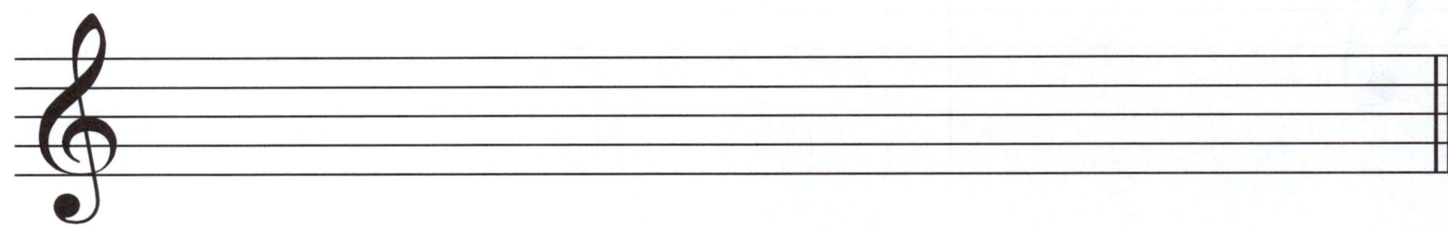

색건반에 계이름을 써 보세요.

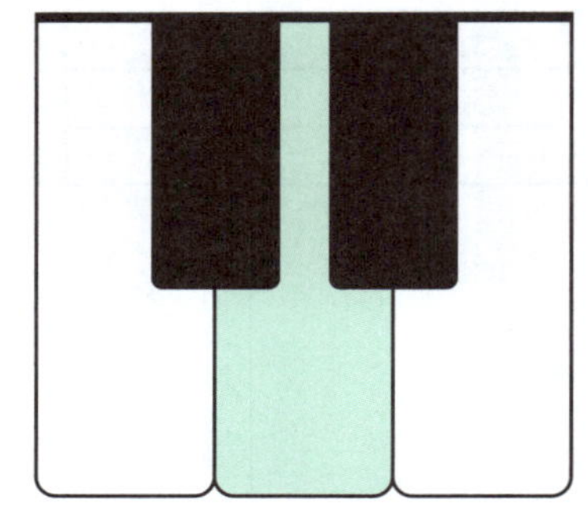

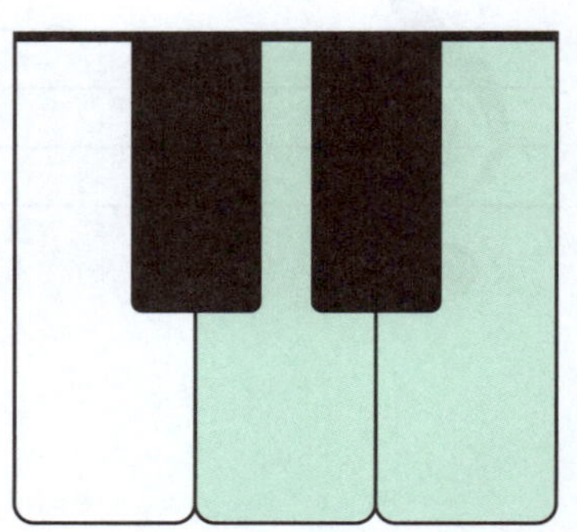

위의 **파**를 그리고 계이름을 써 보세요.

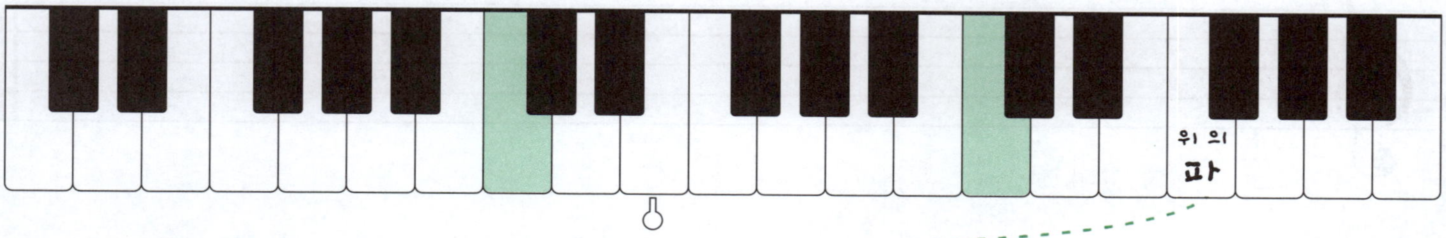

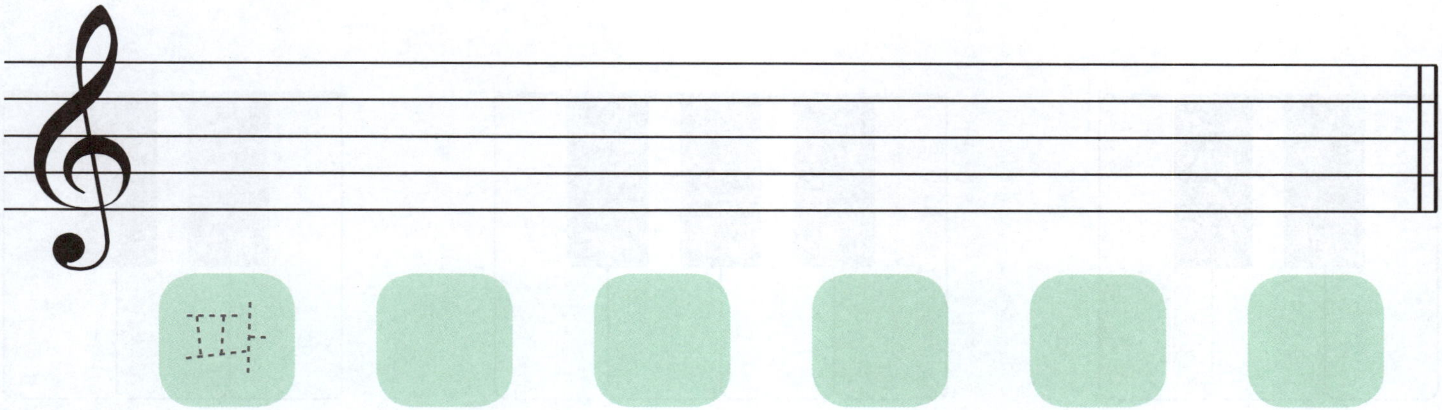

파　　파　　파　　파　　파　　파

 계이름을 읽으면서 똑같이 그려 보세요.

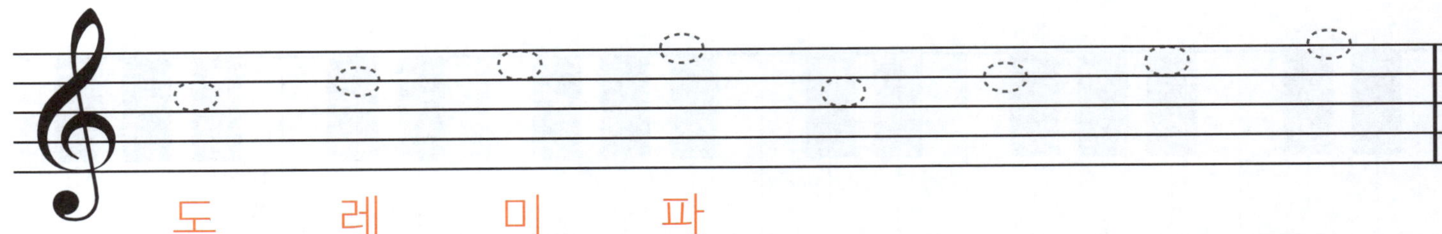

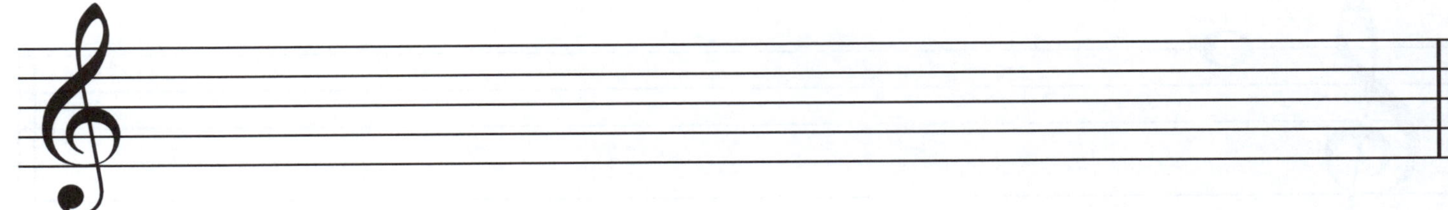

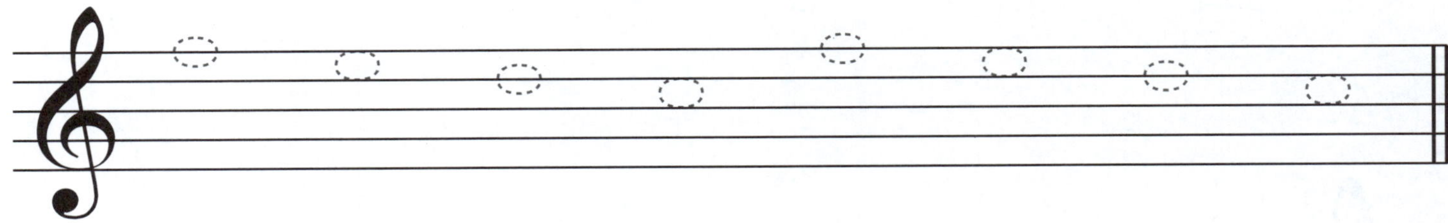

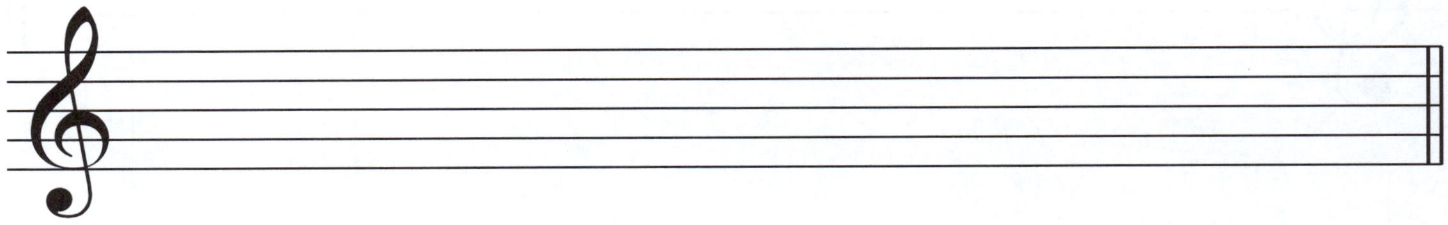

색건반에 계이름을 써 보세요.

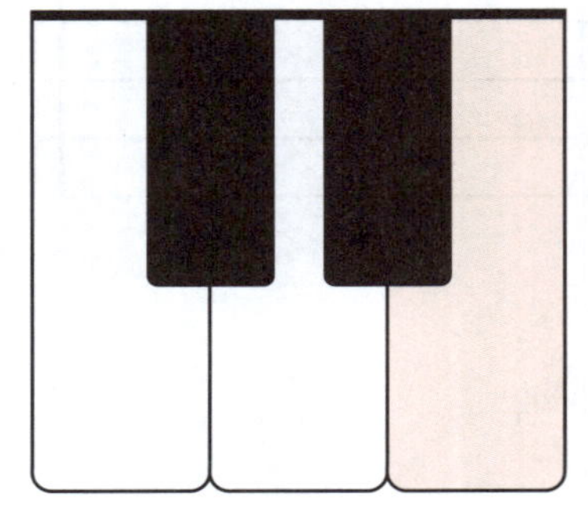

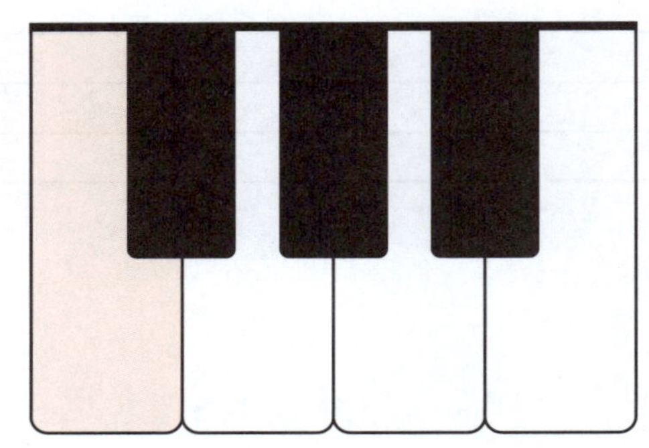

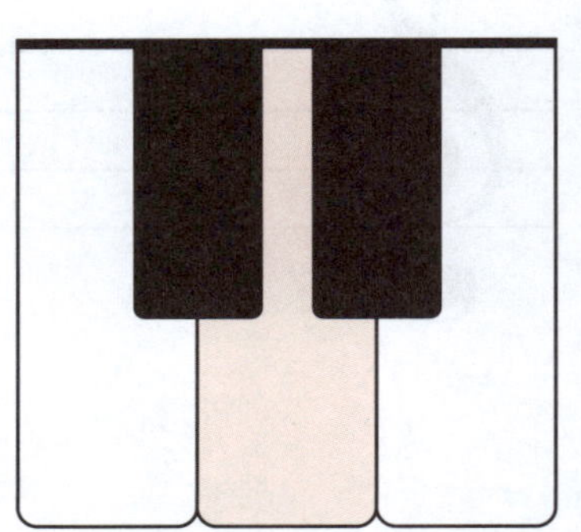

 위의 **솔**을 그리고 계이름을 써 보세요.

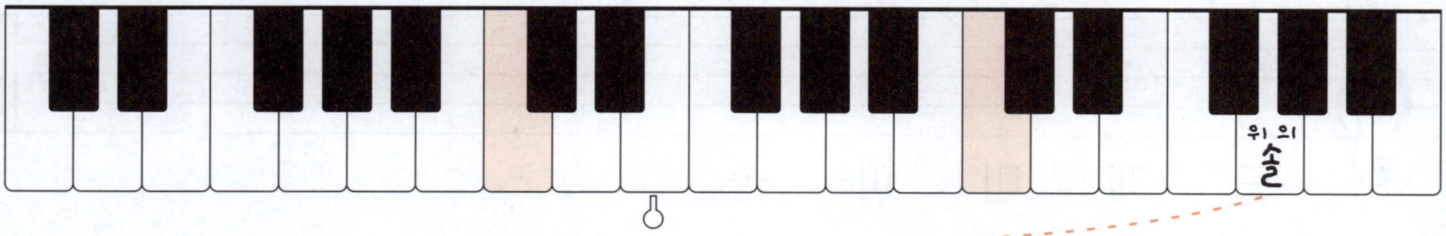

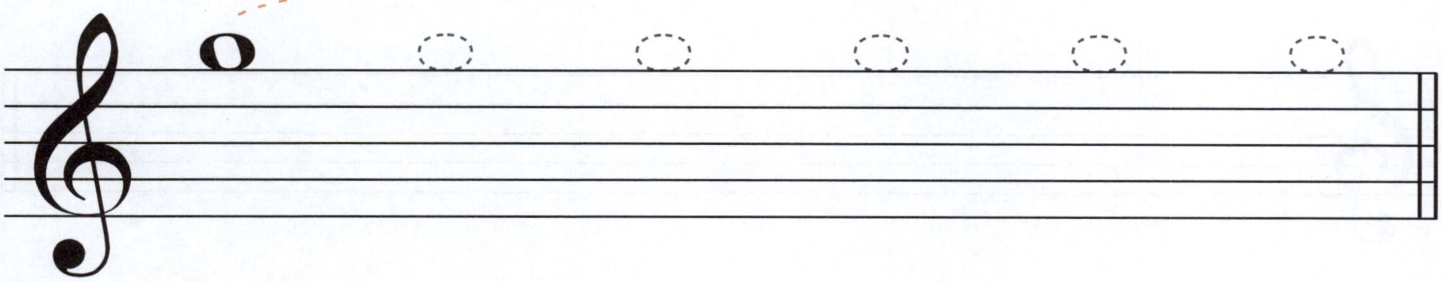

솔 솔 솔 솔 솔 솔

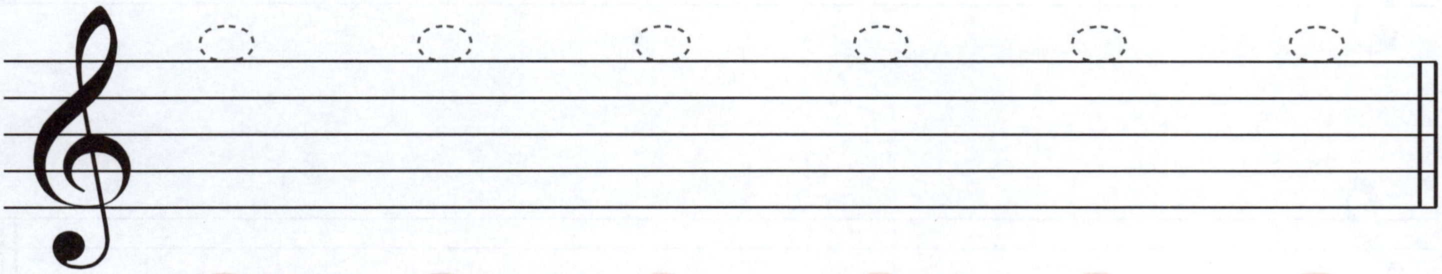

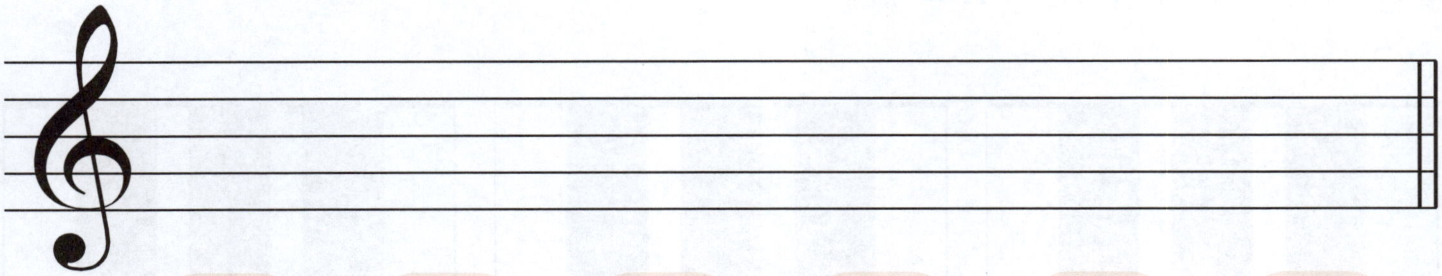

계이름을 읽으면서 똑같이 그려 보세요.

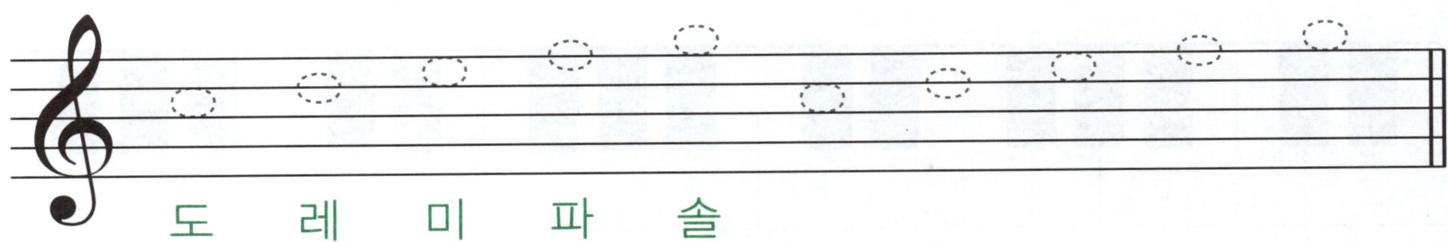
도 레 미 파 솔

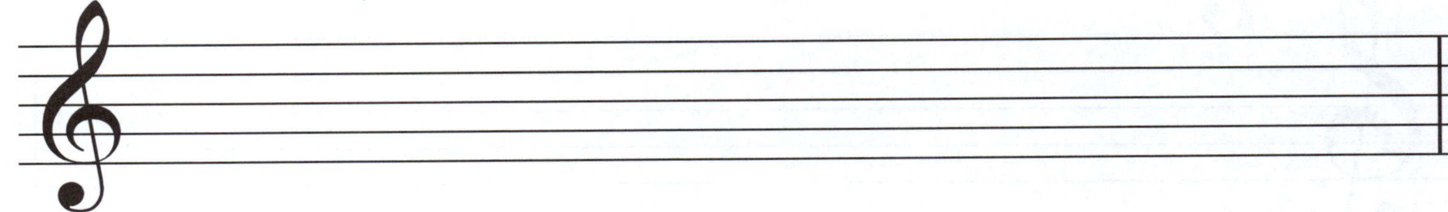

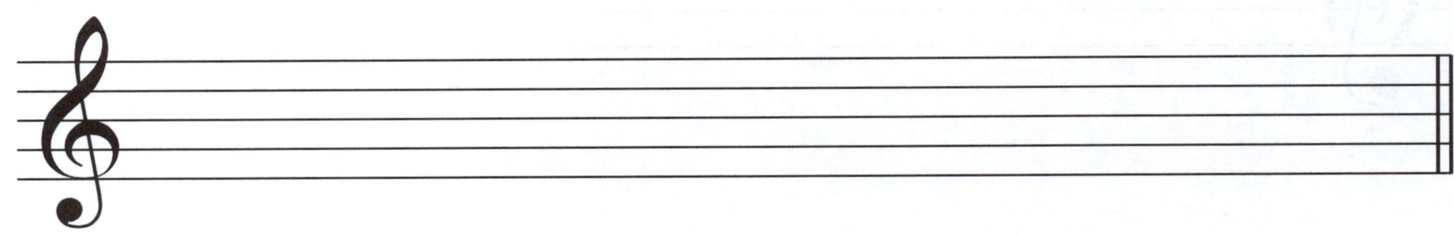

색건반에 계이름을 써 보세요.

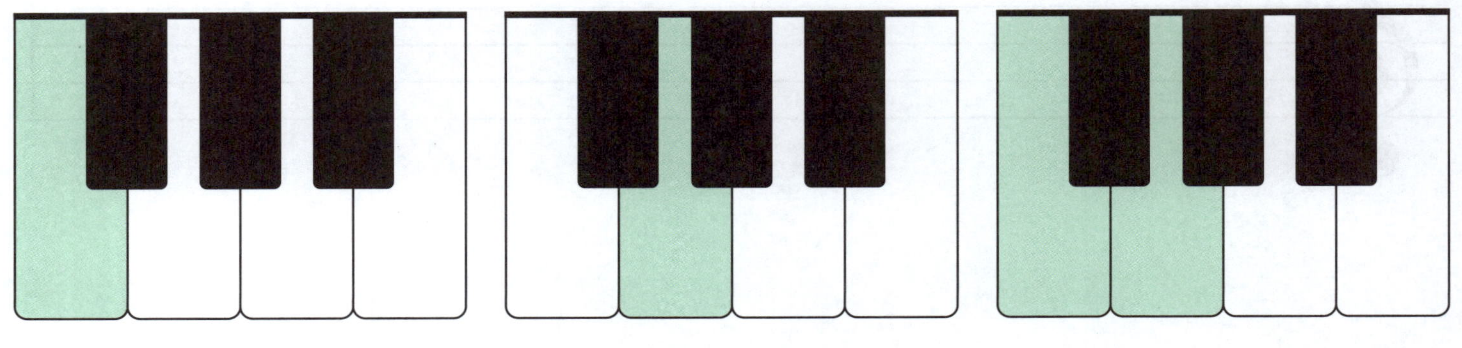

맞는 건반을 줄로 이어 보세요.

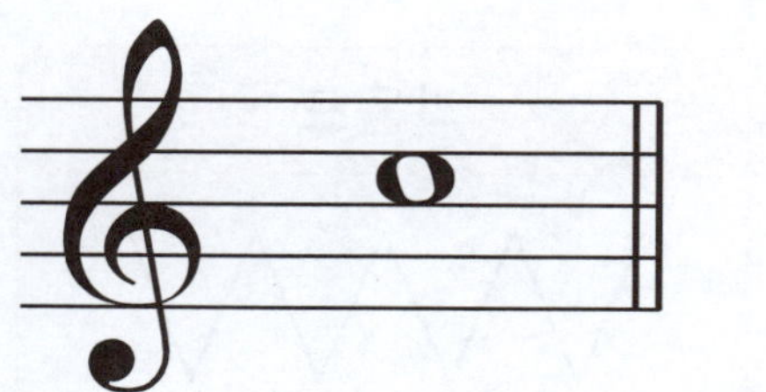 · · 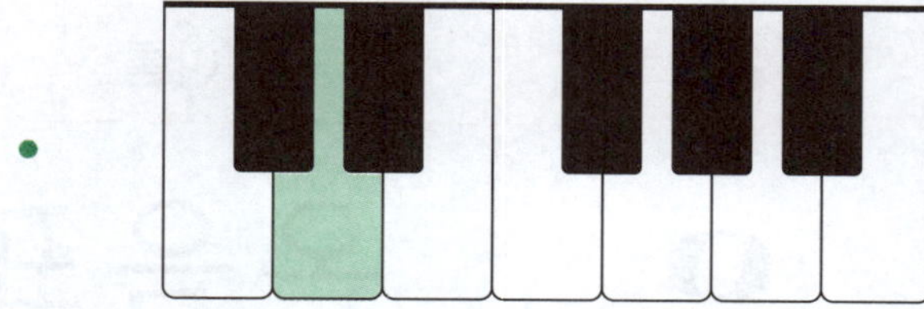

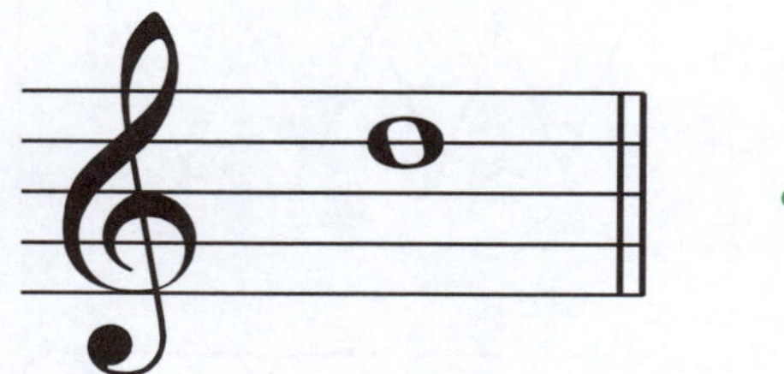 · · 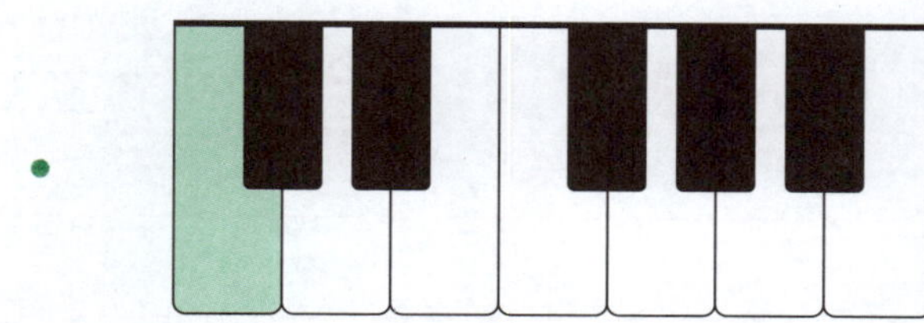

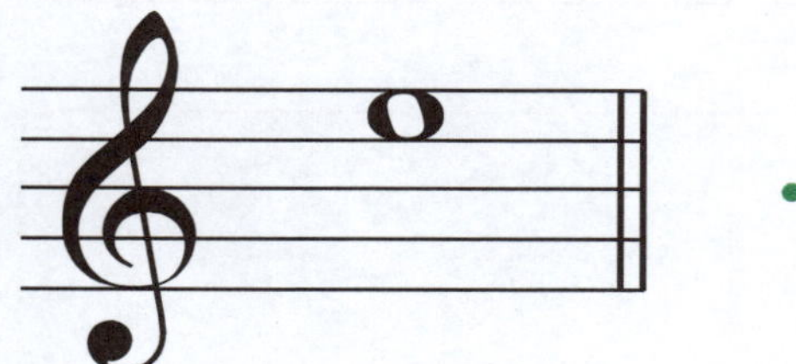 · · 

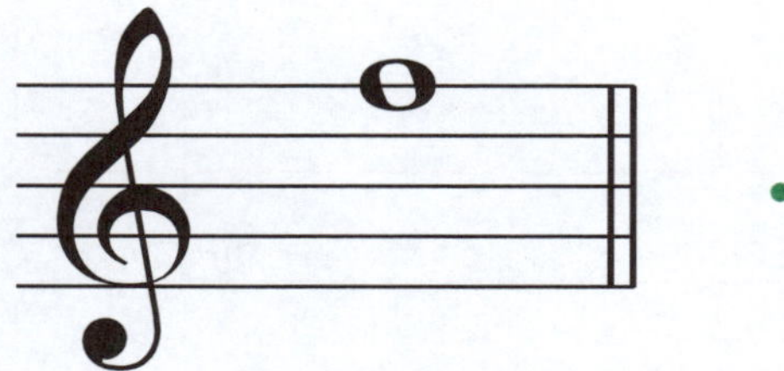 · · 

 · · 

 온음표를 따라서 그리고 써 보세요.

음표	이름	박 수	리듬표
o	온음표	4박	 하나 둘 셋 넷
○	온음표	4박	

온음표 밑에 계이름을 써 보세요.

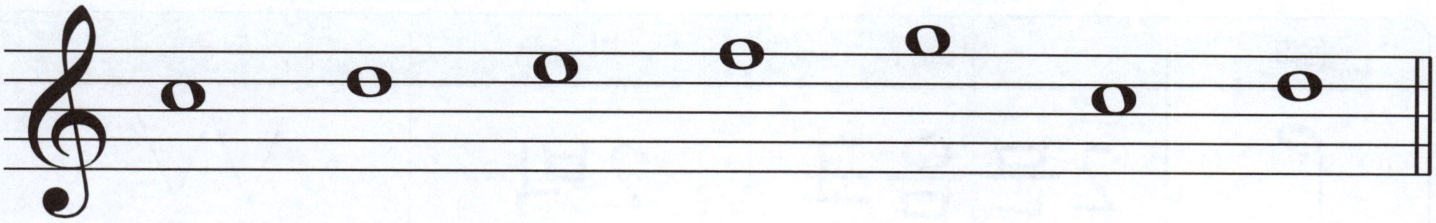

음표	이름	박 수	리듬표
	2분음표	2박	하나 둘
	2분음표	2박	

계이름에 맞게 온음표로 그려 보세요. (위의 도, 레, 미, 파, 솔)

도　　레　　도　　레　　미

레　　미　　레　　미　　파

미　　파　　미　　파　　솔

솔　　파　　미　　레　　도

 위의 **도**를 2분음표로 그리고 계이름을 써 보세요.

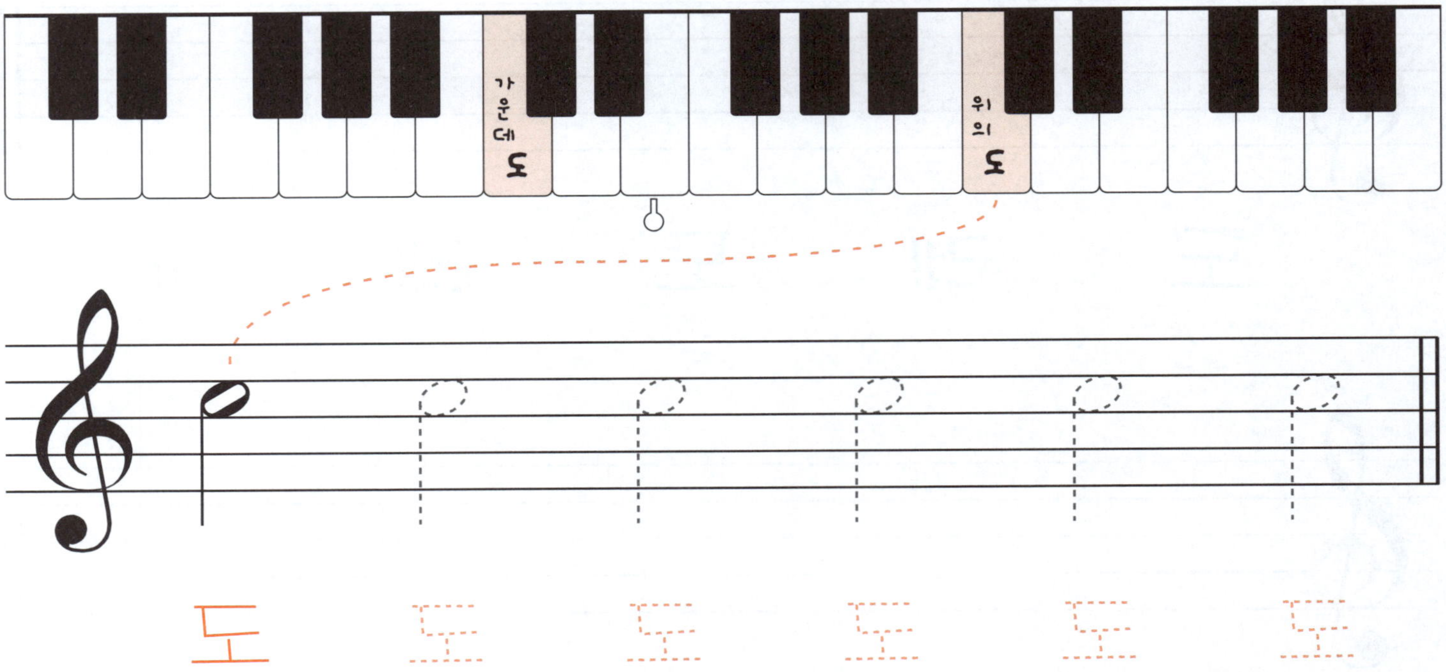

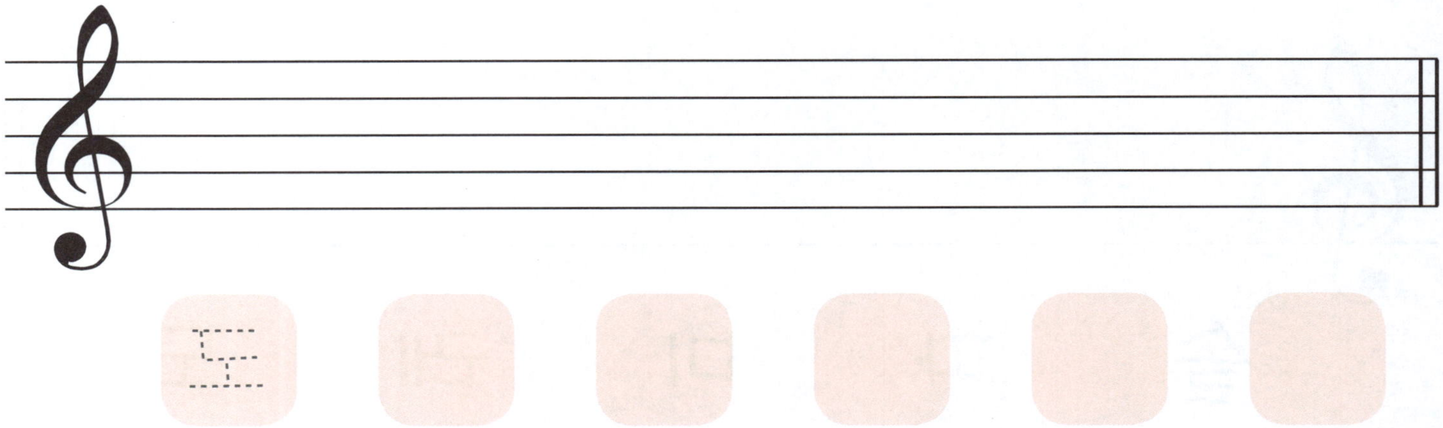

도 도 도 도 도 도

도 도 도 도 도 도

도 도 도 도 도 도

위의 레를 2분음표로 그리고 계이름을 써 보세요.

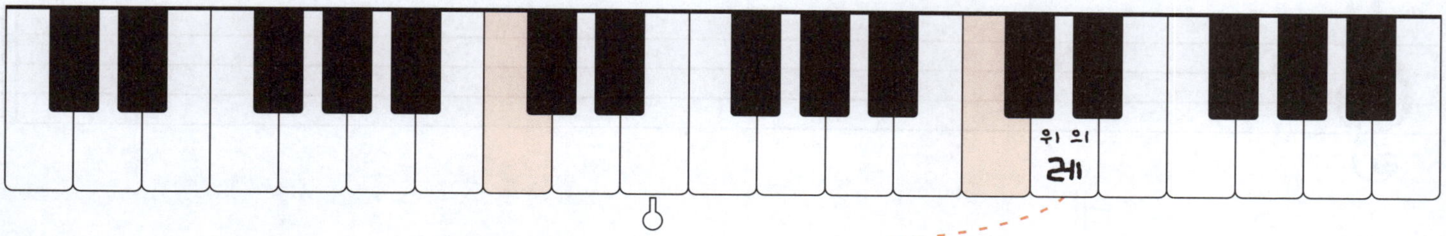

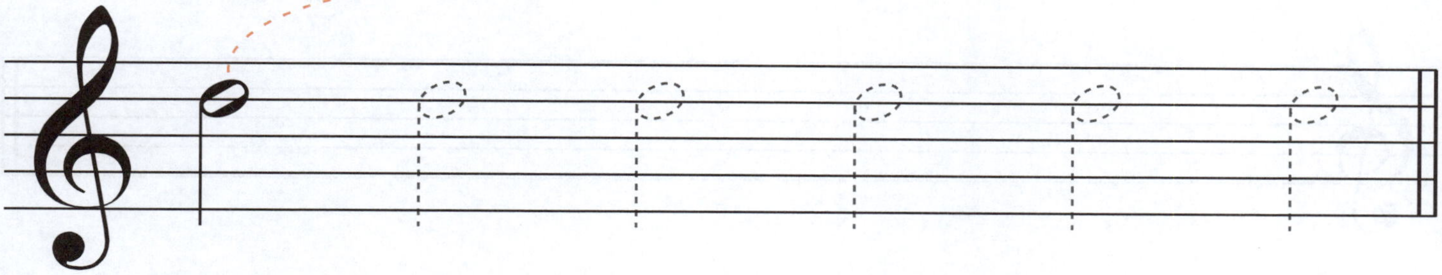

레 레 레 레 레 레

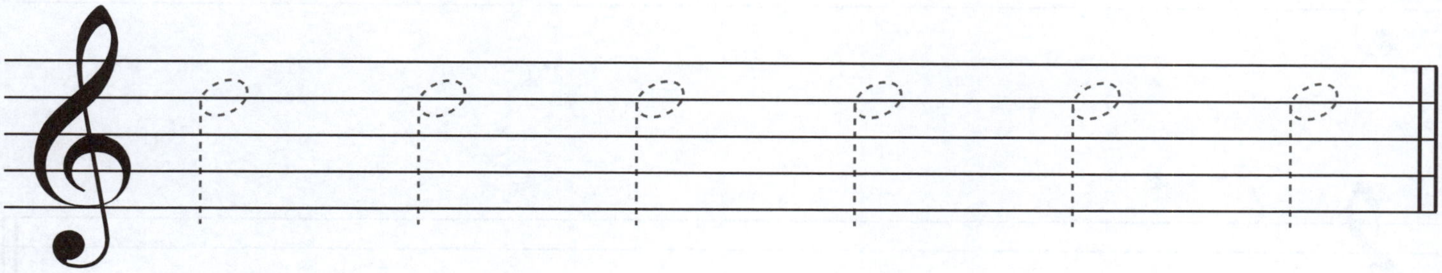

레

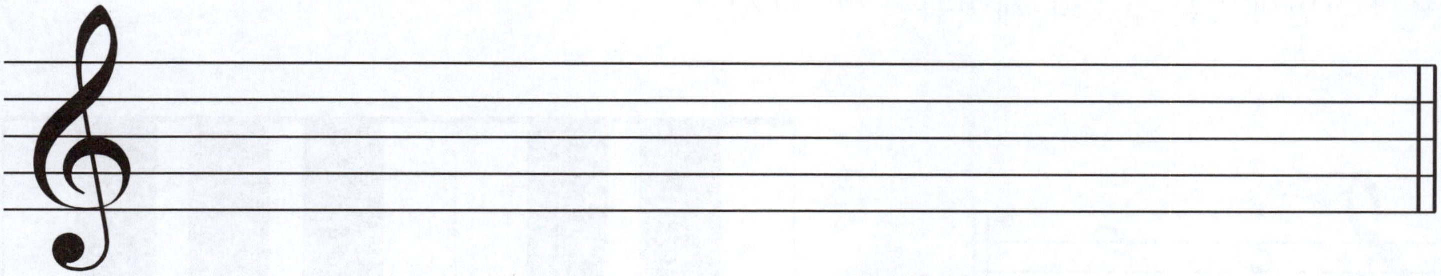

레

🐰 계이름을 읽으면서 똑같이 그려 보세요.

🐘 건반에 2분음표의 계이름을 써 보세요.

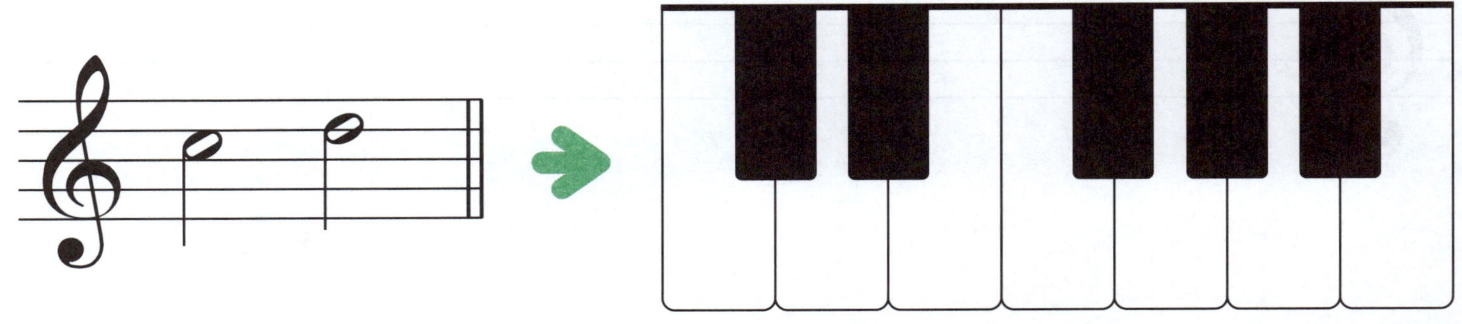

 위의 **미**를 2분음표로 그리고 계이름을 써 보세요.

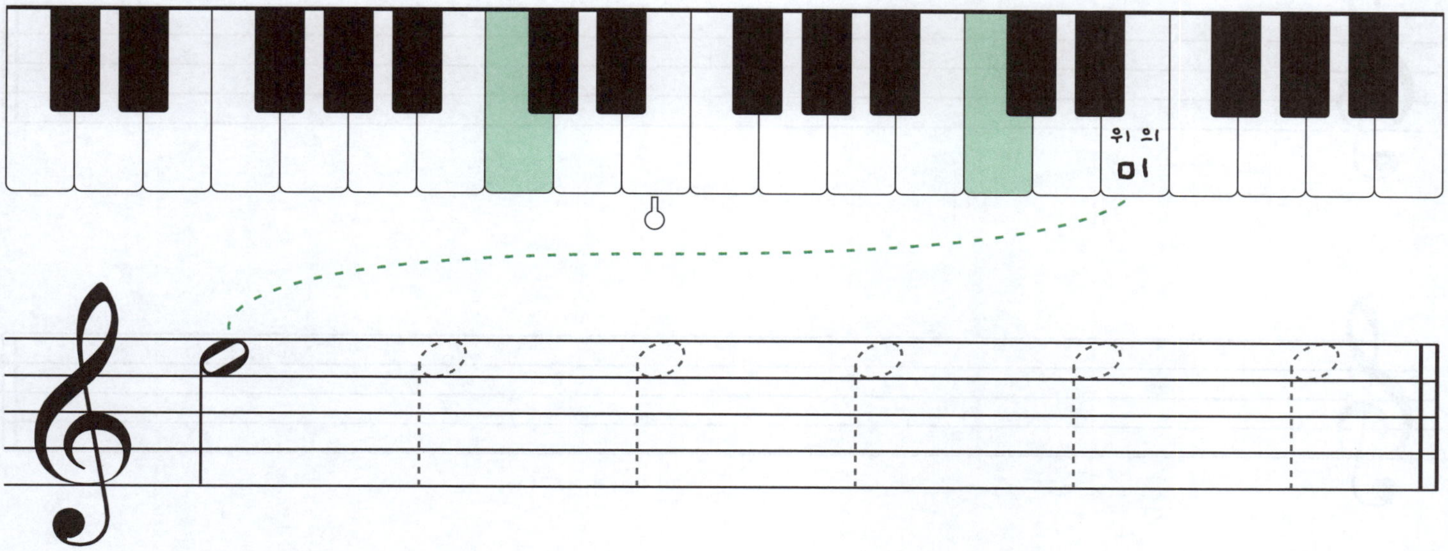

미

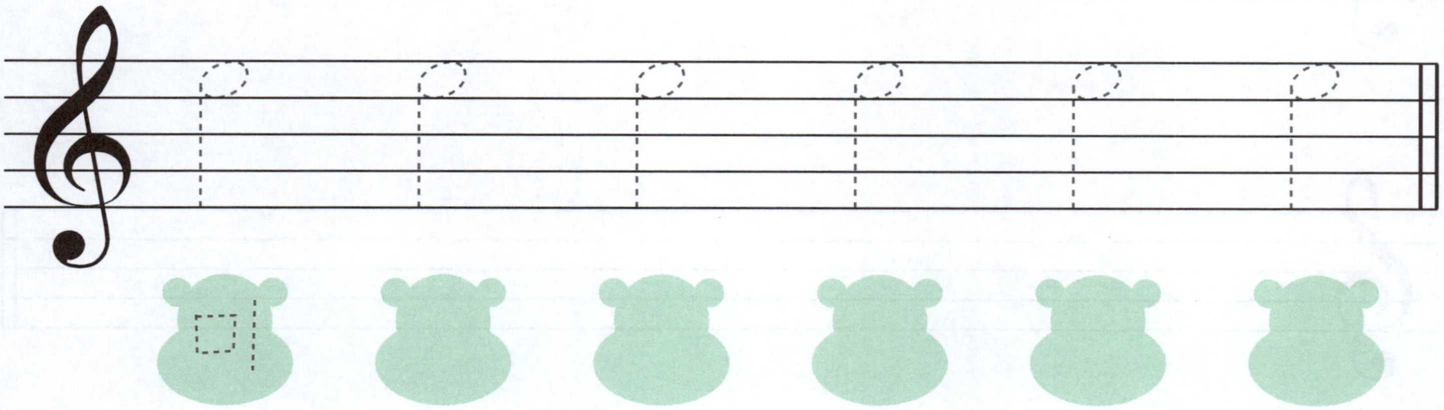

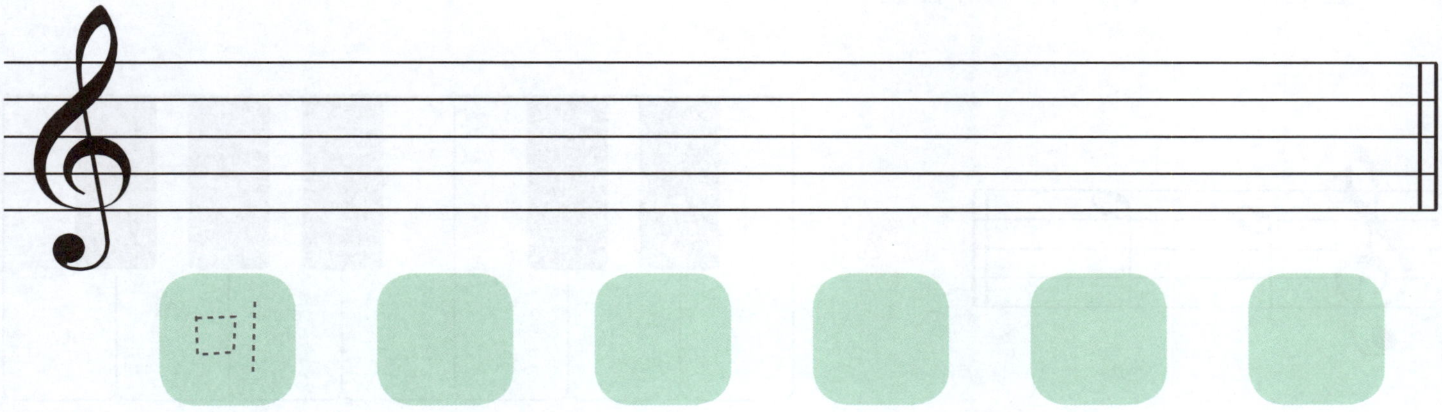

🐦 계이름을 읽으면서 똑같이 그려 보세요.

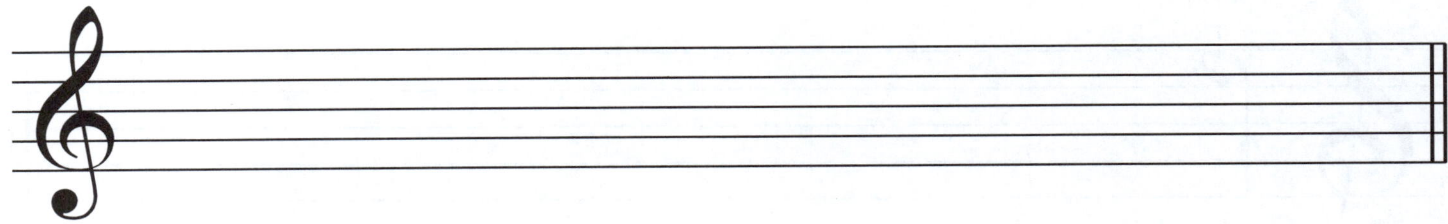

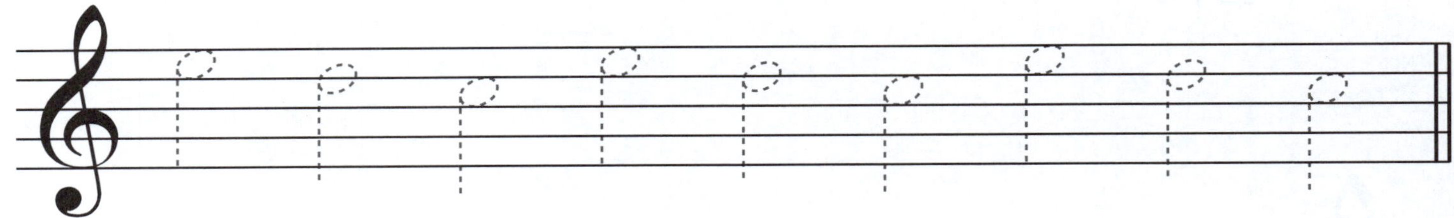

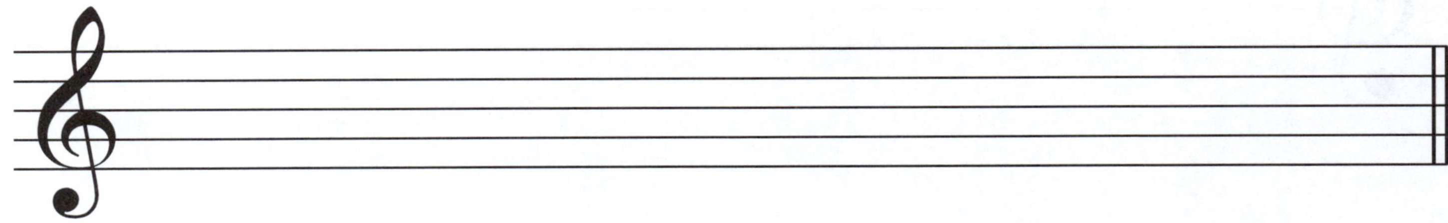

🐰 건반에 2분음표의 계이름을 써 보세요.

위의 **파**를 2분음표로 그리고 계이름을 써 보세요.

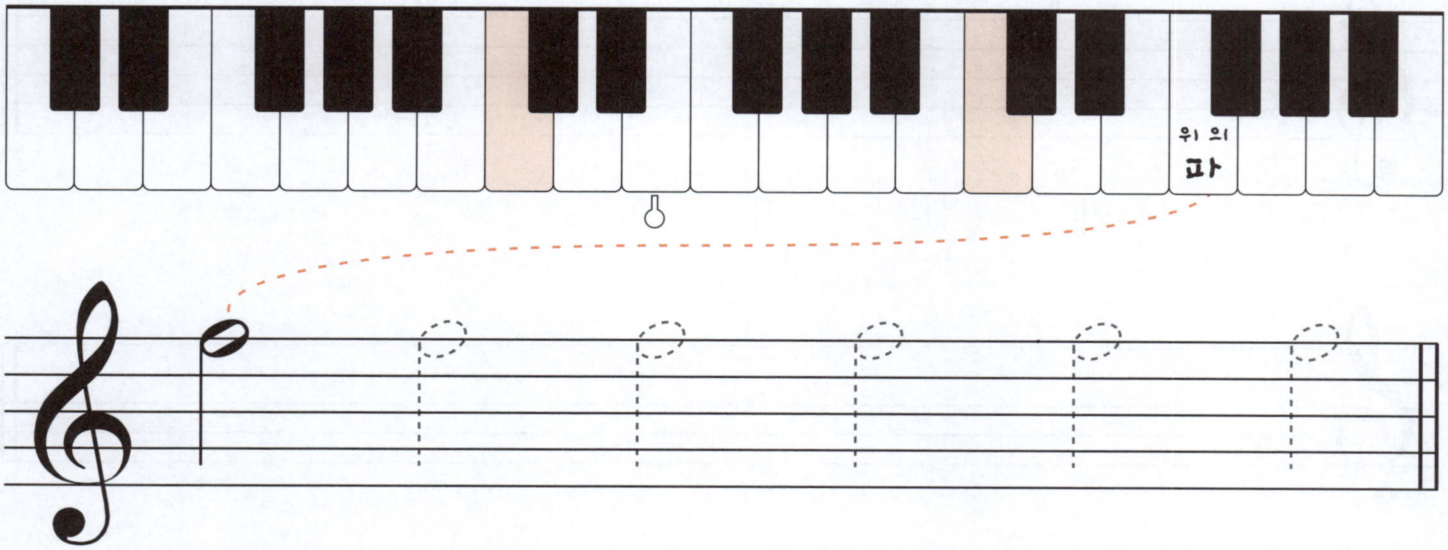

파   파   파   파   파   파

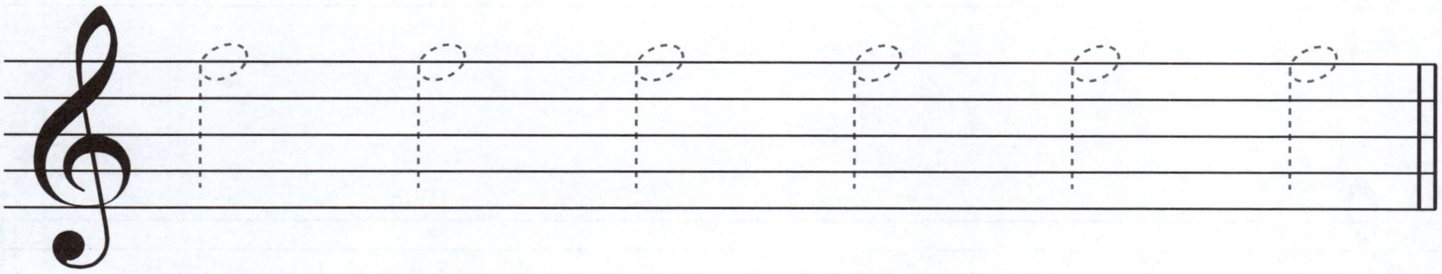

파

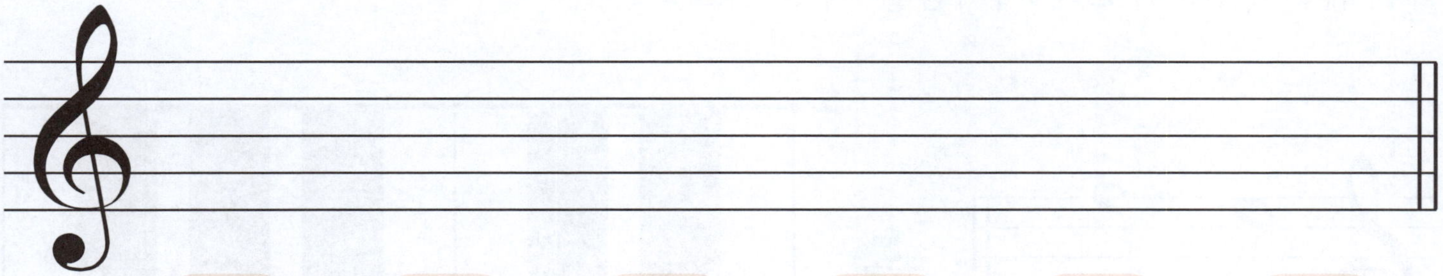

파

계이름을 읽으면서 똑같이 그려 보세요.

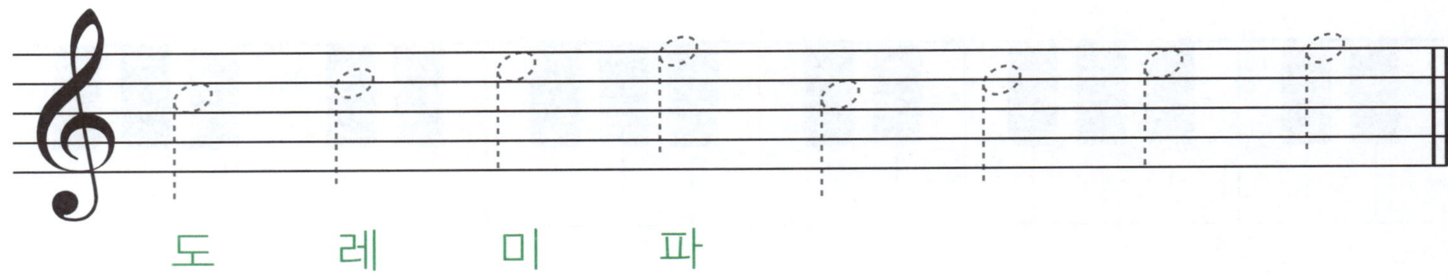
도   레   미   파

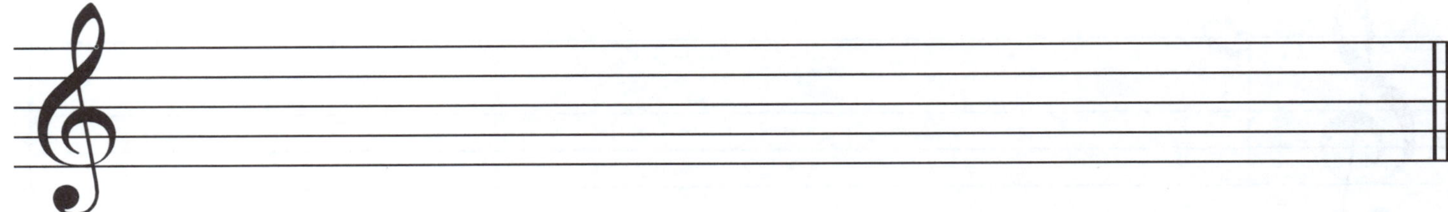

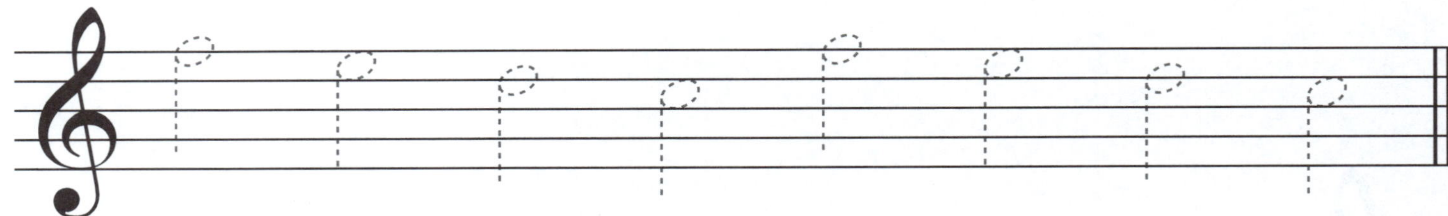

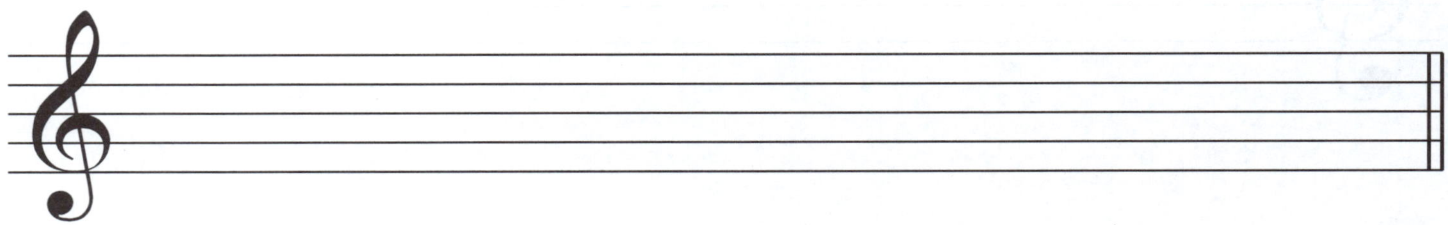

건반에 2분음표의 계이름을 써 보세요.

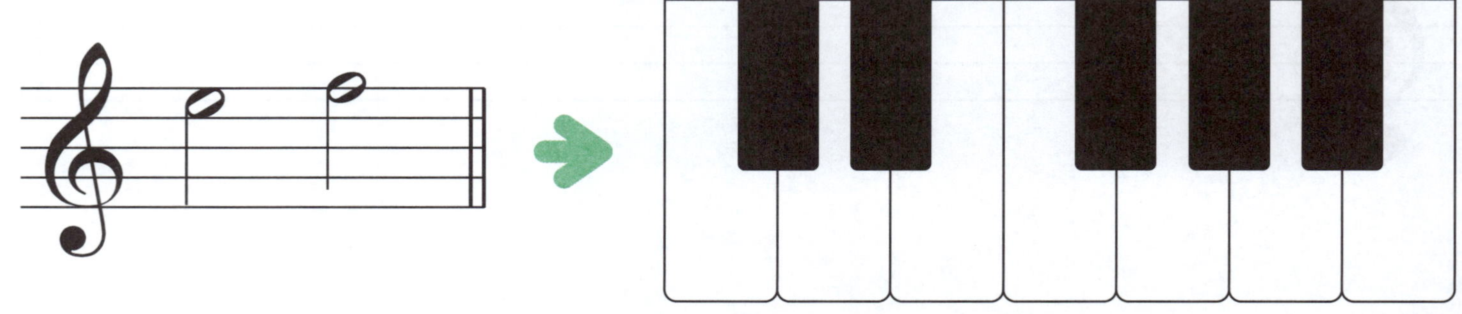

위의 **솔**을 2분음표로 그리고 계이름을 써 보세요.

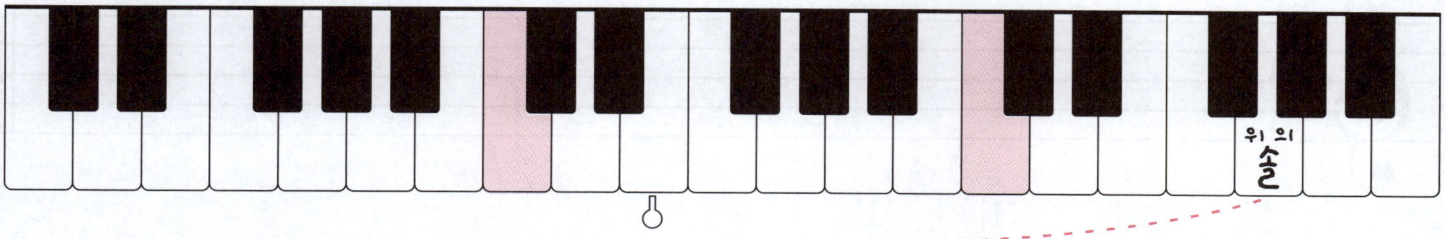

솔

계이름을 읽으면서 똑같이 그려 보세요.

도 레 미 파 솔

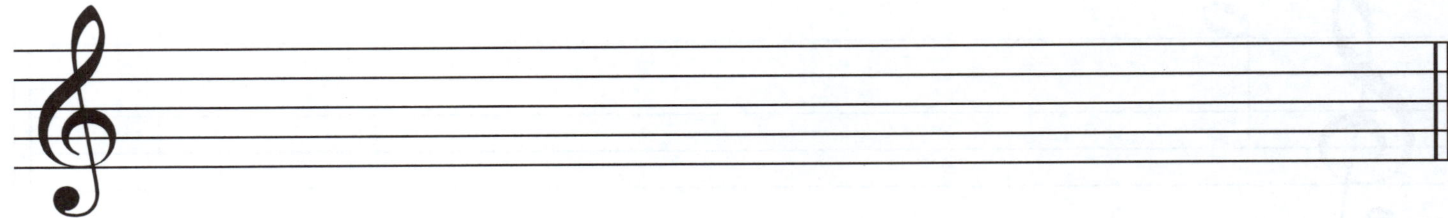

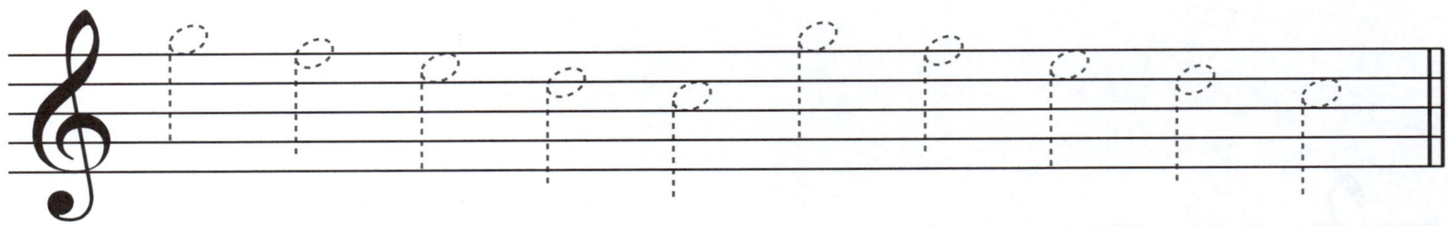

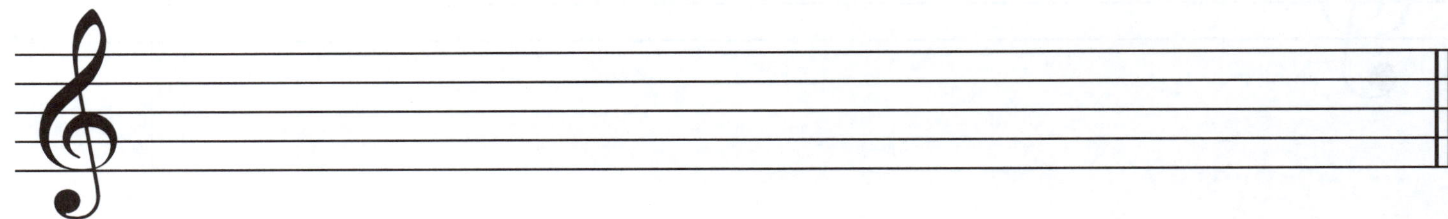

건반에 2분음표의 계이름을 써 보세요.

2분음표에 맞는 건반을 줄로 이어 보세요.

 • • 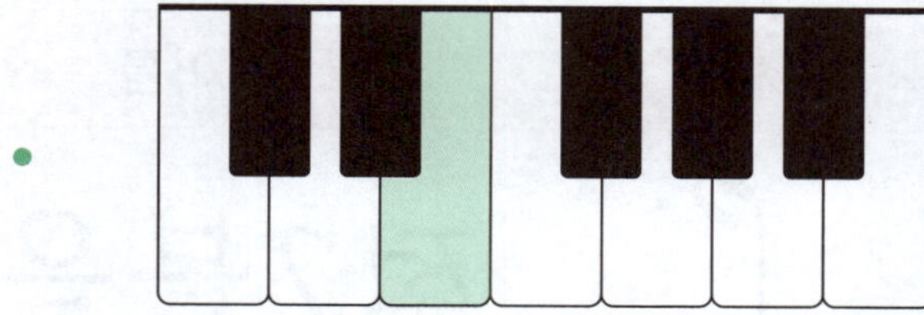

 • • 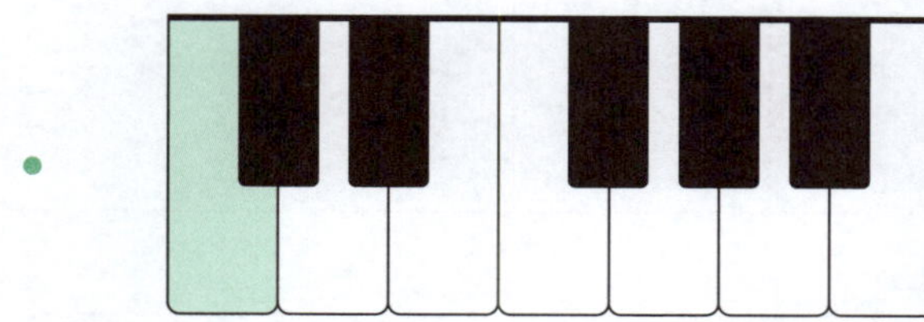

 • • 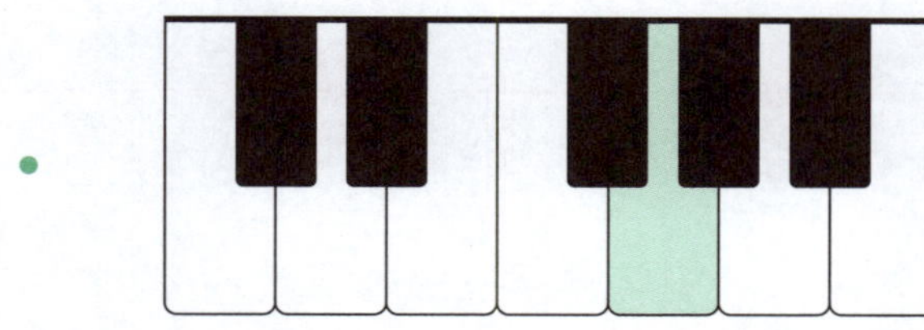

 • • 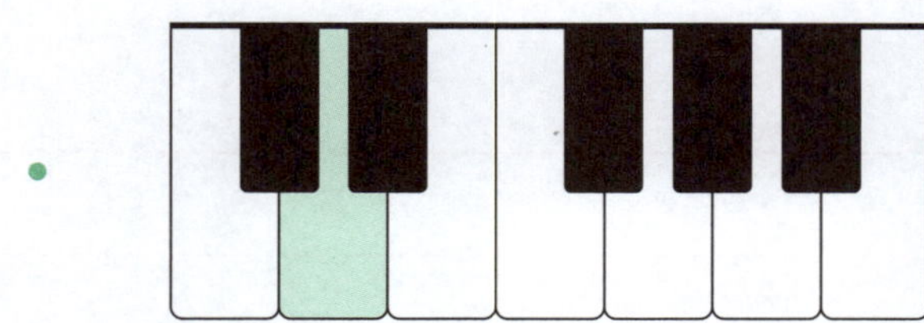

 • • 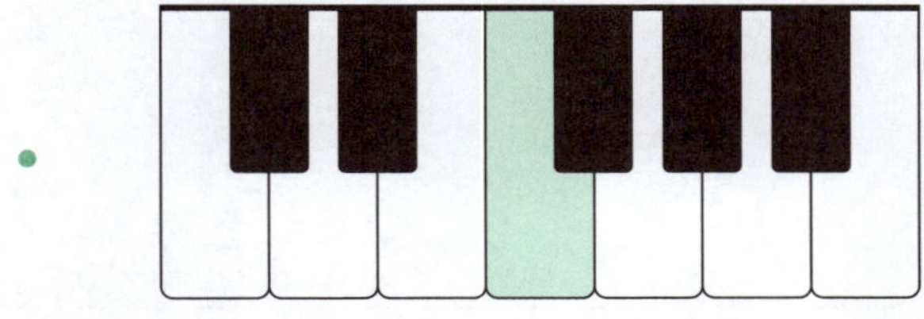

음표	이름	박 수	리듬표
	점2분음표	3박	하나 둘 셋
	점2분음표	3박	

2분음표 밑에 계이름을 써 보세요.

음표	이름	박 수	리듬표
♩	4분음표	1박	∨ 하나
	4분음표	1박	∨

계이름에 맞게 2분음표로 그려 보세요. (위의 도, 레, 미, 파, 솔)

도　　미　　솔　　파　　레

솔　　미　　도　　레　　파

미　　파　　레　　도　　솔

파　　도　　솔　　미　　레

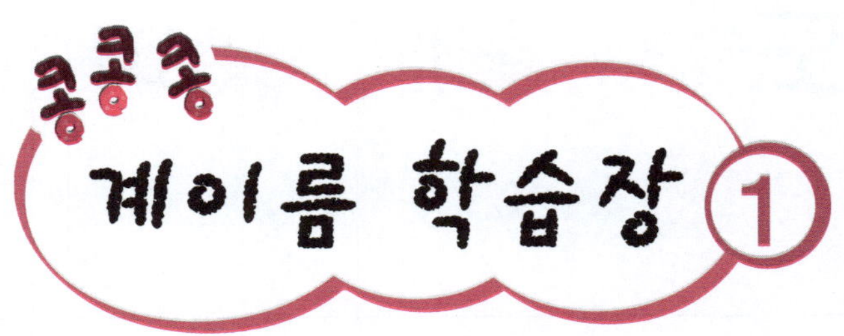

발 행 처 아름출판사
주   소 경기도 고양시 덕양구 독곶이길 171(주교동)
         http://www.armusic.co.kr
전   화 (031)977-1881~2(영업부)
         (031)977-1883~4(편집부)
팩   스 (031)977-1885
등   록 1987년 12월 9일 제2001-7호

발 행 인 성강환
편 집 인 편집부

본 도서는 무단 복사, 전재할 수 없음(파본은 교환해 드립니다)

ISBN 978-89-8377-571-9   13670
     978-89-8377-570-2(세트)